Matteo Carbone
Andrea Silvello

Todos os intervenientes no sector dos seguros serão Insurtech

Matteo Carbone
Andrea Silvello

Todos os intervenientes no sector dos seguros serão Insurtech

Uma onda de inovação está finalmente a remodelar o sector dos seguros

ScienciaScripts

Imprint

Cover image: www.ingimage.com

This book is a translation from the original published under ISBN 978-620-2-30419-1.

Publisher:
Sciencia Scripts
is a trademark of
Dodo Books Indian Ocean Ltd. and OmniScriptum S.R.L publishing group

120 High Road, East Finchley, London, N2 9ED, United Kingdom
Str. Armeneasca 28/1, office 1, Chisinau MD-2012, Republic of Moldova, Europe
Managing Directors: Ieva Konstantinova, Victoria Ursu
info@omniscriptum.com

Printed at: see last page
ISBN: 978-620-8-59537-1

Conteúdo

A revolução digital está a acontecer agora

Imagine ter um "agente" de seguros no seu smartphone, numa única aplicação. Com apenas um ou dois toques, pode segurar qualquer coisa que possua, em qualquer altura, durante o tempo que quiser ou pelo tempo que quiser.

A sua aplicação de seguros, que tem estado atenta aos seus desejos e necessidades, faz sugestões de tempos a tempos - sugerindo um seguro de viagem depois de ter reservado um voo e, quando se muda para um novo apartamento, pedindo-lhe que actualize o seu seguro de arrendamento. Além disso, os pacotes que vê adaptam-se ao seu orçamento. *Isto é que é* serviço!

A revolução digital está a acontecer agora, transformando a forma como vivemos, trabalhamos, nos divertimos e fazemos compras, e capacitando os clientes como nunca antes. Já vemos estas mudanças no retalho, nas viagens, na moda e noutras empresas maduras. Também está a acontecer em sectores como o comércio eletrónico, com as suas ofertas personalizadas adaptadas a desejos, necessidades e hábitos individuais. Em última análise, irá perturbar mesmo os sectores resistentes à mudança. Até o sector bancário, notoriamente conservador, está a adotar a tecnologia. Poderá o sóbrio sector dos seguros ficar muito para trás?

A mudança é inevitável e prometedora. Em breve, o nosso estilo de vida influenciará o preço da cobertura de saúde ou de risco que adquirimos, recompensando os bons comportamentos, como o exercício diário e os hábitos alimentares saudáveis. Os bons condutores pagarão menos pelo seguro automóvel.

À medida que a tecnologia dos seguros se torna a regra, o papel dos seguros alargar-se-á também, passando a incluir a prevenção e a gestão dos riscos. Imagine que tem um acidente de viação e que a "caixa negra" fornecida pela sua seguradora chama a ambulância e salva a sua vida. Imagine que aterra num aeroporto estrangeiro e recebe um convite no seu telemóvel para segurar a sua estadia durante o tempo que lá estiver ou, logo após ter feito planos para jogar futebol com os seus amigos, recebe uma notificação a convidá-lo para cobrir o risco de lesões durante o jogo.

Consegue imaginar estes cenários? Muitos estão a fazê-lo e a tomar medidas para transformar estas visões em realidade. A tecnologia dos seguros, ou InsurTech, é um nicho em rápido crescimento, cujos inovadores estão preparados para perturbar o sector dos seguros. Na verdade, isto já está a acontecer, uma vez que as novas empresas, centradas no cliente e adaptadas aos telemóveis, começam a conquistar quota de mercado com aplicações que tornam os seguros fáceis e até agradáveis de adquirir e gerir.

O comboio das InsurTech está a sair da estação. As companhias de seguros tradicionais, ou "incumbentes", que se agarram às velhas formas podem perdê-lo completamente e ficar para trás. Já estamos a assistir ao aparecimento de uma nova e entusiasmante lista de InsurTechs com soluções inovadoras e interessantes para problemas de seguros de longa data. Mais concorrentes estão a caminho, e a viagem promete ser emocionante. Quando descolar, estará a bordo?

-Andrea *Silvello e Matteo Carbone*

Capítulo 1

Uma evolução profunda do sector dos seguros

Todos os intervenientes no sector dos seguros serão InsurTech

Antes de iniciarmos a nossa viagem, olhemos para onde já estivemos - há 640 anos, quando o seguro começou a proporcionar proteção às pessoas na vida e no trabalho. Desde 1347 - o ano do primeiro contrato de seguro conhecido, em Génova, Itália - que as pessoas celebram contratos em que alguém promete indemnizar outra pessoa por perdas ou danos decorrentes de um acontecimento incerto, desde que seja pago um prémio para obter essa cobertura.

Este modelo manteve-se praticamente inalterado ao longo dos anos. Com uma história tão longa, é de admirar que o sector tenha sido lento a mudar? As pessoas e as empresas ainda compram seguros utilizando estes modelos testados pelo tempo e os estudos mostram que a confiança dos consumidores no sector é elevada. Porquê corrigir um sistema que não está estragado?

Por outro lado, a forma como os seguros funcionam - ou não funcionam - para os consumidores é profundamente defeituosa. Muitas vezes, os clientes têm dificuldade em compreender o que as suas apólices oferecem devido a contratos complicados e difíceis de seguir. E com a predominância de modelos de "tamanho único", muitos estão a aperceber-se de que as cotações que recebem não reflectem as suas necessidades ou situações individuais.

Mais do que quaisquer outras caraterísticas, a rigidez e a complexidade são frequentemente associadas à cobertura de seguros e às seguradoras. Por outras palavras, o sector dos seguros está aberto à disrupção. E os consumidores estão agora a exigi-las.

O que é que fez a diferença? A tecnologia. O digital, especialmente o móvel, permitiu que sectores como o retalho, a banca e as viagens oferecessem aos seus clientes facilidade de utilização, transparência e acessibilidade - caraterísticas que agora esperamos de todas as empresas e serviços que utilizamos. Os clientes de seguros actuais querem uma cobertura adaptada às suas necessidades e preferem o valor ao preço. Esperam também que as suas seguradoras proporcionem um acesso fácil à informação através do canal que o cliente preferir.

Se os fornecedores de seguros tradicionais demoram a reagir a este novo ambiente "centrado no cliente", os recém-chegados estão preparados para preencher as lacunas. As startups de tecnologia de seguros já estão a começar a tornar obsoletos os modelos antigos e padronizados, mudando o seu foco para o contexto e a utilidade, e apresentando escolhas personalizadas adaptadas às necessidades individuais. Nesta nova forma de fazer seguros, os clientes recebem ofertas personalizadas, entregues no momento certo, da forma certa e ao preço certo.

Boas notícias para as seguradoras

Felizmente, o que é bom para os clientes é ótimo para as seguradoras - desde que se adaptem aos tempos, inovando e adoptando estas novas tecnologias. Agradar aos clientes deve ser um fator de motivação primordial, mas as seguradoras que adoptarem verdadeiramente o digital verão o seu negócio melhorado de formas inimagináveis: processos simplificados, maior eficiência, riscos reduzidos e rácios de perdas diminuídos.

Esta é uma óptima notícia para o sector dos seguros. Apesar dos terríveis avisos de que o nosso sector está a tornar-se obsoleto, estamos convencidos de que as companhias de seguros continuarão a ser relevantes no futuro, ou tornar-se-ão ainda mais relevantes do que são agora. No entanto, as que forem bem sucedidas não serão apenas seguradoras, mas sim InsurTechs, utilizando a tecnologia como o principal facilitador para atingir os seus objectivos estratégicos.

As InsurTechs têm um grande potencial para perturbar o sector. As seguradoras tradicionais ainda ditam as regras porque possuem o capital, as infra-estruturas e o conhecimento institucional, mas perderão a vantagem se não adoptarem as soluções apresentadas pelas startups InsurTech - que são livres de sistemas de legado, engenhosas e criativas, mas que normalmente não têm um conhecimento profundo do sector dos seguros.

Para se manterem relevantes, as companhias de seguros têm de se tornar InsurTechs. Mas como, se não possuem conhecimentos tecnológicos? Uma resposta é trabalhar lado a lado com os recém-chegados, entrando numa colaboração profunda para fornecer soluções inovadoras . Muitos profissionais experientes previram este tipo de parcerias, e já estamos a ver alguns exemplos excelentes.

O alcance desta transformação digital vai muito para além da eliminação do "intermediário" ou das alterações nos métodos de distribuição.

De facto, o canal digital direto, em que todas as transacções são digitais, domina muito poucos mercados e, normalmente, diz respeito apenas aos seguros obrigatórios. Na maioria dos mercados, prevalece o multicanal, e os clientes optam - com variações de país para país - por interagir com um intermediário em algum momento.

Mesmo assim, a tecnologia está a revolucionar a forma como fazemos seguros, desde a subscrição até aos sinistros e muito mais.

Como lá chegar

Todos os intervenientes no sector dos seguros - quer sejam resseguradores, transportadores ou intermediários - devem considerar esta questão: Como é que a cadeia de valor dos seguros deve ser remodelada utilizando as novas tecnologias disponíveis? No momento em que escrevemos este artigo, as tecnologias incluem a nuvem, a Internet das Coisas (IoT), os grandes volumes de dados e a análise avançada, a computação quântica, a inteligência artificial, os agentes autónomos, os drones, a cadeia de blocos, a realidade virtual e os automóveis autónomos.

Para tirar o máximo partido destas tecnologias, o profissional de seguros deve:

1. Identificar casos de utilização que contribuam para atingir os objectivos estratégicos da empresa,

2. Aplicar estes exemplos para maximizar os efeitos de cada interveniente na cadeia de valor dos seguros, e

3. Considerar a seleção de software/hardware ou as opções "fazer vs. comprar".

Atualmente, no sector dos seguros, não existe uma solução única para todos. Cada interveniente precisa de criar casos de utilização personalizados com base na sua estratégia e caraterísticas individuais.

Se isto lhe parece assustador, anime-se: não é o único. O sector dos seguros está a passar por uma mudança profunda. A transformação digital tornou-se um grande desafio para as companhias de seguros em todo o mundo.

Casos de utilização: seguros IoT

Em Itália, a extensão e a popularidade desta mudança podem ser vistas na adoção da telemática automóvel, também conhecida como seguro baseado na utilização, que utiliza a tecnologia para acompanhar e comunicar os comportamentos dos condutores e a utilização do veículo, permitindo às seguradoras ajustar os prémios em conformidade.

De acordo com os últimos dados do IVASS, quase 20% das novas apólices e renovações em Itália incluíam a utilização de "caixas negras" nos veículos automóveis. Trata-se de uma boa fatia do mercado, e o número aumenta todos os anos. Mais de 70% dos italianos que responderam a um inquérito da SSI manifestaram uma atitude positiva em relação ao seguro telemático automóvel, o que indica uma aceitação generalizada.

Há muito que a Itália é conhecida como pioneira na inovação no sector dos seguros. Como é que a tecnologia se está a desenvolver noutros países? No final de 2015, metade dos 10 milhões de automóveis conectados no mundo tinha uma apólice de seguro telemático.

A telemática oferece muitas vantagens, incluindo a redução dos prémios para os condutores. As seguradoras beneficiam do facto de disporem de mais dados que as ajudam a afinar as suas apólices e produtos, e podem mesmo ver os seus rácios de sinistralidade melhorar. De acordo com um inquérito do Insurance Research Council, 56 dos condutores inquiridos afirmaram que a utilização da telemática os tornou melhores condutores.

Ligada à Internet e fornecendo dados dos condutores às seguradoras, a telemática é um exemplo de como a Internet das coisas pode impulsionar o fenómeno dos "seguros ligados". A Internet das Coisas compreende uma rede ou sistema de dispositivos informáticos e sensores inter-relacionados que comunicam entre si. Estes objectos, ou "coisas", podem transmitir dados.

O sector dos seguros sempre foi rico em dados, mas, tradicionalmente, esses dados não estão estruturados ou os modelos utilizados são antigos e simples. A análise de dados pode estruturar esta informação de novas formas, de modo a responder a questões específicas - sobre a forma como uma pessoa conduz, por exemplo, ou sobre o exercício físico que pratica. As implicações empolgantes dessa tecnologia fizeram com que estar "conectado" fosse o assunto da cidade, inclusive entre as seguradoras que abraçam a mudança e a inovação.

Os consumidores estão cada vez mais "ligados", em casa, no trabalho, ao volante, quando praticam desporto e actividades de lazer, etc. O ambiente "inteligente" circundante faz parte de um "ecossistema" conectado mais vasto, criando novas oportunidades para as companhias de seguros.

Para obter o máximo valor deste ecossistema, as seguradoras têm de gerir corretamente os seus componentes: sensores, computadores, dispositivos portáteis e dados. Mais uma vez, a análise de grandes volumes de dados desempenha um papel importante, uma vez que a quantidade de dados e variáveis recolhidos continua a aumentar. O poder de recolha e partilha de dados em tempo real da IoT criará novas e significativas oportunidades: uma segmentação mais fina dos produtos, grupos de risco mais especializados e modelos preditivos para avaliar melhor esse risco, melhorar o controlo das perdas e acelerar o crescimento dos prémios.

Para aproveitar o poder da IoT, as companhias de seguros terão de pensar de forma criativa sobre quais os dados a recolher e como os utilizar. Um sistema baseado na IoT e na análise de grandes volumes de dados, capaz de identificar padrões e fornecer soluções optimizadas com base em informações em tempo real, pode resultar numa interface simples e de fácil utilização que transformará a forma como as empresas comunicam com os titulares de apólices.

O impacto da IoT no sector dos seguros está a tornar-se totalmente evidente. Ao mais alto nível, uma melhor utilização da IoT e dos dados dos sensores significa que as seguradoras têm a oportunidade de:

- Estabelecer relações diretas e não mediadas com os clientes,
- Obter uma compreensão mais granular e precisa de quem são os seus clientes e de como as suas necessidades mudam ao longo do tempo, e
- Individualizar as ofertas de produtos e funcionalidades.

A ascensão do bot: IA nos seguros

Nas aplicações IoT, a inteligência artificial (IA) também está a ajudar o sector (ou a perturbá-lo, dependendo do seu ponto de vista). A IA oferece recomendações preditivas apoiadas por algoritmos e dados complexos e pode analisar os fluxos de processos para detetar estrangulamentos, melhorando a satisfação geral da empresa e do cliente.

Os algoritmos comparam as respostas e as informações fornecidas pelos clientes para fazer recomendações adequadas para cada cenário de risco.

Através da aprendizagem automática, a IA trabalha continuamente para compreender melhor os seres humanos e os seus processos de pensamento, analisar o comportamento humano e fornecer consultoria preditiva com base nos desejos e necessidades de cada indivíduo.

Apesar destas e de outras vantagens, os operadores de seguros históricos têm sido lentos a adotar estratégias digitais. Para sobreviverem, terão de mudar a sua mentalidade em breve e muito rapidamente.

Uma série de start-ups digitais já entrou no sector e muitas outras estão a surgir no horizonte para competir com as tradicionais pelo negócio, especialmente dos consumidores da geração do milénio e da "Geração C" (de "Conectados"). Estes recém-chegados, denominados "InsurTechs", já começaram a agitar o sector. Muitos vêem-nas como uma nova alternativa ao modelo de negócio dos operadores históricos no mundo conectado de hoje e de amanhã.

Como beneficiamos

Identificámos quatro benefícios principais que os "seguros conectados" proporcionam ao sector dos seguros:

1. **Um resultado final reforçado**, criando valor através da melhoria dos lucros e perdas dos seguros e partilhando esse valor com o cliente;
2. **Maior proximidade e interação** com o cliente, bem como novas experiências e serviços para o cliente;
3. **Criação e consolidação de conhecimentos,** uma vez que os dados fornecem mais informações sobre os riscos e a base de clientes, e
4. **Sustentabilidade,** não apenas para a seguradora, mas para a sociedade como um todo.

Uma nova fronteira: micro-seguros móveis "push

O seguro obrigatório, procurado pelo cliente que tem de obter cobertura ou sofrer consequências, representa a maior parte das apólices vendidas. As pessoas estão muito menos interessadas e receptivas aos seguros não obrigatórios, o que faz com que este seja um mercado pronto a ser depenado. Como dizemos no sector dos seguros: "Os seguros vendem-se, não se compram" e "a única coisa mais difícil de vender do que um seguro é um seguro não obrigatório". A tecnologia pode mudar este paradigma.

No entanto, mesmo que os smartphones se tornem cada vez mais parte integrante da vida quotidiana dos clientes, a maioria das seguradoras parece não conseguir ou não querer utilizar as tecnologias móveis para preencher a lacuna não obrigatória. As InsurTechs não têm esse receio.

O microsseguro tem um grande potencial para revolucionar o processo de venda de seguros. Também pode ajudar a reduzir o défice de proteção nos países desenvolvidos para vários tipos de riscos e pode ser uma forma de atingir os millennials que têm recursos financeiros limitados e pouca confiança nos intermediários tradicionais.

A principal função do microsseguro é proporcionar inovação aos clientes que a procuram. Ao mesmo tempo, ajuda as seguradoras a obterem conhecimentos sobre os clientes individuais, ajudando-as a antecipar e a responder às necessidades dos clientes sem duvidar.

O microsseguro também pode ser considerado uma forma de microfinanciamento, porque oferece cobertura de baixo custo para riscos específicos durante períodos específicos. As suas aplicações podem ser enormes, abrangendo dados e análises de dados para acrescentar valor às seguradoras e aos clientes. É quase certo que atrairá grandes investidores. Como ferramenta para fornecer produtos personalizados e de nicho na economia de partilha, o microsseguro tem o poder de levar o seguro para o próximo nível no nosso novo mundo centrado no cliente.

	Characteristics of an insurable risk	Instant push insurance
1 Need	Need for insurance cover when the anticipated event occurs	✓ Use cases that target specific needs
2 Mutuality	Large number of similar exposure units	✓ Need to build vast user base
3 Randomness	Accidental and unintentional loss	✓ Push approach to limit adverse selection
4 Assessability	The peril must be assessable in terms of possible losses and determinable if the loss is covered by the policy	✓ Use cases designed to cover specific risks that are easy to identify and to communicate
5 Economic viability	No catastrophic loss exposure for the insurer	✓ Use cases which avoid the accumulation of exposure to catastrophic risks
6 Affordability	The premium level considering administrative and distribution costs have to be sustainable by the insured	✓ Use cases with limited expected frequency or automatic claims (ex. flight delay)

Imagem 1. *Caraterísticas de um risco segurável vs. seguro de empurrão instantâneo*

O microsseguro móvel "push", em que as sugestões de compras aparecem no telemóvel do consumidor em alturas apropriadas, é o exemplo mais recente e maior até agora de como a tecnologia pode revitalizar o sector dos seguros.

A start-up italiana Neosurance é o primeiro exemplo mundial de microsseguro móvel com um modelo de negócio B2B2C. Com os microsseguros móveis, as InsurTechs podem encontrar uma solução para a questão da anti-seleção que afecta o espaço dos seguros a pedido. Esta nova abordagem à venda de seguros responde aos desafios existentes através da utilização de canais digitais (móveis) para a comunicação, o registo, o pagamento de prémios e o processamento de sinistros (apresentação e pagamento).

A maioria dos clientes não só tem um seguro insuficiente, como também não tem consciência das suas potenciais necessidades de cobertura. Nas aplicações de microsseguros mais avançadas, um agente de seguros artificial, tal como um ser humano experiente e capaz, motiva o cliente a comprar proteção, oferecendo-lhe a cobertura certa no momento certo no seu smartphone, estimulando a compra por impulso de seguros de pequeno montante.

O telemóvel inteligente já não é apenas um canal, mas, agora, um representante do cliente. Tal como um agente conhece o seu cliente, a IA aprende e reúne conhecimentos profundos sobre o cliente, analisando comportamentos, contexto e até emoções - tudo canalizado através do telemóvel inteligente. Desta forma, a tecnologia pode criar um ciclo contínuo de conhecimento - orientado e interações contextuais altamente personalizadas.

Todas as seguradoras de sucesso serão InsurTech

Na era da "quarta revolução industrial", os riscos estão a mudar. O advento da tecnologia tornou os activos digitais mais valiosos do que os físicos. Perante este cenário, o sector dos seguros tem de lidar com as mudanças e perturbações tecnológicas e reconsiderar a forma como se define a si próprio. A InsurTech está a ajudar a redefinir a forma como o sector dos seguros é visto.

Atualmente, é impensável para uma seguradora não se questionar sobre a forma de evoluir a arquitetura empresarial, considerando quais os módulos da sua cadeia de valor que devem transformar ou reinventar utilizando a tecnologia e os dados.

Acreditamos que todos os intervenientes no sector dos seguros serão InsurTech, ou seja, organizações em que a tecnologia prevalecerá como o principal facilitador para a realização dos seus objectivos estratégicos.

As start-ups InsurTech receberam quase 20 mil milhões de dólares em financiamento até à data. Equipas fantásticas e novos e interessantes casos de seguros têm vindo a captar a atenção dos analistas.

As start-ups de insurtech full-stack estão a gerar muito entusiasmo na comunidade de investidores e a atrair fundos relevantes, e algumas atingiram avaliações estelares, com Oscar, Lemonade, Sonnet, Root, Alan, Element e Zhong An a serem alguns dos intervenientes mais fascinantes.

Um modelo de negócio cada vez mais popular é a abordagem MGA/MGU (Managing General Agents/Managing General Underwriter), uma forma de satisfazer a apetência dos investidores por intervenientes que cobrem um grande número de actividades na cadeia de valor dos seguros e por parcerias com operadores históricos apenas para a subscrição. Os exemplos incluem a Trov, a Slice, a so-sure, a Insure The Box, a Bought By Many e a Prima.

Os operadores históricos podem inovar, e os operadores históricos e as startups InsurTech podem, e devem, colaborar. Considere, por exemplo, o impressionante sucesso internacional de players, como a plataforma digital de seguros Guidewire e a Octo Telematics. Acreditamos que os prestadores de serviços para o sector dos seguros serão mais bem sucedidos na expansão para um nível internacional do que os outros modelos descritos acima. Este tipo de colaboração tira partido dos conhecimentos técnicos dos operadores históricos e da confiança dos seus clientes. Especialmente promissoras são as parcerias entre os operadores históricos e as startups tecnológicas especializadas que lhes proporcionam formas inovadoras de fazer negócio.

Ao embarcarmos nesta viagem transformadora e colaborativa, devemos ter em mente três lições que aprendemos em Itália com o sucesso do seguro automóvel conectado:

- **A transformação não acontece de um dia para o outro**. A telemática precisou de anos de experimentação antes de se tornar generalizada entre as grandes empresas italianas, seguida de uma abordagem do tipo "eu também" por parte dos concorrentes e de uma série de casos de utilização, para atingir o seu atual crescimento de adoção.

- **As empresas podem liderar esta transformação.** Os dados de caixa negra fornecidos pela telemática podem permitir que as seguradoras ofereçam mais e melhores serviços aos clientes - algo que estes desejam. De acordo com estudos internacionais recentes, os clientes estão a solicitar que as suas apólices sejam integradas em plataformas de serviços. Estes estudos também mostram que as pessoas confiam nas suas companhias de seguros, o que faz com que os fornecedores de serviços queiram estabelecer parcerias com elas.

- **Se as companhias de seguros não aproveitarem esta oportunidade, algum outro ator o fará.** A Metromile, uma startup InsurTech e distribuidora digital, criou uma apólice de seguro automóvel telemática com uma companhia de seguros a desempenhar o papel de subscritor. Depois de obter quase 200 milhões de dólares em financiamento, a Metromile comprou em 2016 a Mosaic Insurance, tornando-se na primeira empresa InsurTech a comprar uma companhia de seguros tradicional. O software está, de facto, a "comer o mundo" - mesmo no sector dos seguros.

Capítulo 2

Como inovar e maximizar a oportunidade

Os "PC" dos seguros ligados

No mundo atual em rápida mudança, "inovar ou morrer" tornou-se não só um mantra empresarial, mas um dado adquirido. Ao colocar um mundo de escolhas nas nossas mãos, a tecnologia deu ao consumidor um poder nunca antes alcançado. Qualquer empresa que não adopte um enfoque "centrado no cliente" perderá negócios para outras que estão mais do que dispostas a assumir a responsabilidade.

O sector dos seguros não é exceção a esta regra. E, embora o sector seja geralmente considerado como um sector em mudança lenta, tem demonstrado uma grande capacidade de inovação.

A distribuição digital de seguros, por exemplo, começou no início dos anos 80, quando os Correios alemães experimentaram a venda de seguros à distância em Berlim e Dusseldorf, utilizando *o Bildschirmtext - dados* transmitidos através da rede telefónica e apresentados num televisor. Atualmente, os consumidores do Reino Unido compram quase 60% dos seus seguros automóveis em linha e utilizam habitualmente sítios Web de comparação para comprar seguros automóveis. Poucos outros sectores adoptaram a distribuição digital tão amplamente ou tão bem.

Também os seguros de saúde oferecem muitos exemplos de inovações que utilizam a tecnologia.

Nos últimos vinte anos, a seguradora sul-africana Discovery introduziu uma série de formas de melhorar a vida dos segurados utilizando dispositivos de fitness conectados: rastreando comportamentos saudáveis, gerando descontos e fornecendo incentivos para actividades que apoiam o bem-estar e até mesmo a compra de alimentos saudáveis. A Discovery replicou o seu modelo "Vitality" em diferentes locais e linhas de negócio, e tem motivado os seus clientes a aumentar continuamente o número de dispositivos ligados que utilizam para fornecer dados à empresa. A seguradora alargou mesmo os seus incentivos a outros ramos de seguros: O Vitalitydrive recompensa os condutores pelos seus conhecimentos de condução, frequência de cursos e bons comportamentos de condução com descontos de até 50 por cento na compra de combustível.

A inovação também está a acelerar no sector. As tecnologias novas e emergentes estão a proporcionar aos utilizadores experiências muito diferentes dos confusos e complexos processos de inscrição e de pedidos de indemnização pelos quais as seguradoras se tornaram famosas. Instituições com centenas de anos de tradição estão a repensar os seus modelos de negócio de seguros e a identificar áreas na sua própria cadeia de valor para transformar ou reinventar com a ajuda da tecnologia.

Parece que não passa um dia sem que surja uma nova aplicação ou serviço de seguros. Em termos gerais, estas inovações podem ser classificadas de acordo com sete macro-áreas:

- **Sensibilização:** sensibiliza o cliente para a necessidade de estar segurado e para outros aspectos de marketing da marca/oferta específica;
- **Escolha:** oferece uma proposta de valor de seguro, dividida em dois grupos principais:
  - **Agregadores** que comparam diferentes soluções, e
  - **Os subscritores**, inovando na construção da oferta para o cliente específico;
- **Compra:** formas inovadoras de melhorar o ato de venda, incluindo a cobrança de prémios;
- **Utilização:** inclui três etapas muito distintas da cadeia de valor dos seguros, nomeadamente, o tratamento das apólices, a prestação de serviços - que está a tornar-se cada vez mais importante - e a gestão dos sinistros;

- **Recomendação:** recomenda compras com base nos dados e experiências do utilizador;

- **A Internet das Coisas (IoT),** as soluções de hardware e software envolvidas nos seguros "conectados" (como a telemática do seguro automóvel), e

- **Peer to peer (P2P):** introdução da lógica *peer-to-peer* no sector dos seguros, à semelhança do antigo modelo de seguros mútuos.

Um dos principais desafios para analistas, operadores históricos, startups e investidores é determinar a relevância destas inovações para o sector dos seguros. Para serem bem sucedidas, que qualidades ou critérios devem as startups InsurTech satisfazer? Tomando como referência as "CPs" ou "Condições Precedentes" da profissão jurídica que devem ser cumpridas para executar um contrato comercial, oferecemos aqui as nossas próprias CPs para as startups InsurTech - condições que devem ser cumpridas para o sucesso atualmente.

Cuidado com os Cs e Ps

Em primeiro lugar, consideremos os "5C" propostos por Schwetak Verma, diretor do Centro de Inovação da MetLife em Singapura.

"Interagi com várias startups e tornou-se claro que a amplitude e a escala da oportunidade não são claras para muitas delas", diz Verma. "O modelo mental da InsurTech parece estar limitado apenas à parte dos sinistros da cadeia de valor."

Verma concebeu o seu quadro para ajudar as empresas em fase de arranque a conceber uma estratégia de venda às companhias de seguros. Os 5Cs são:

- **Comunicação**: Na sua essência, o seguro é uma promessa. Uma promessa tem pouco valor se não a conseguir comunicar.

- **Personalização**: Verma vê duas oportunidades neste domínio: as empresas em fase de arranque que criam motores de recomendação para personalizar a cobertura de riscos e as que geram conjuntos de dados que podem ser utilizados para alterar a base da subscrição. As principais operadoras do futuro adotarão a "subscrição em tempo real", prevê ele, à medida que os clientes produzirem mais dados capturáveis.

- **Ligação**: Ser notado é o principal desafio. Para se destacar na multidão, deve participar nas conversas dos seus clientes, envolvendo-se sem interromper. Muitos clientes não sentem uma verdadeira ligação ou lealdade para com a sua seguradora, e os seguros estão no fundo do poço em termos de satisfação do cliente. Os serviços digitais auxiliares podem ajudar a mudar esse paradigma, oferecendo mais oportunidades de contacto com os nossos clientes.

- **Cognição**, incluindo a inteligência artificial (IA) e a aprendizagem automática (ML). Estamos na fase inicial de uma revolução da IA. No sector dos seguros, Verma vê as ferramentas de IA/ML a serem utilizadas para:

  - Deteção e monitorização de fraudes
  - Automatização dos pedidos de indemnização
  - Marketing, com personalização
  - Análise comportamental (para melhorar os preços)
  - Seguro preventivo, utilizando conjuntos de dados genómicos.

- **Consenso**, ou blockchain. O "consenso" refere-se ao algoritmo subjacente que sustenta a estrutura da cadeia de blocos. A cadeia de blocos pode ter um enorme efeito nos custos administrativos, aumentando a facilidade e a eficiência de processos como o "Conheça o seu cliente", a deteção de fraudes e outros serviços de verificação, como a emissão de apólices e a apresentação de pedidos de indemnização. O ideal seria que todo o sector colaborasse numa solução de cadeia de blocos.

Tendo aconselhado quase uma centena de seguradoras, resseguradoras, operadores tecnológicos e investidores, formulámos um conjunto de critérios para determinar o potencial de cada iniciativa InsurTech, quer seja executada por uma startup ou por um operador histórico. Baseámos os nossos "Quatro Ps" em quatro fundamentos do negócio dos seguros:

- **Rendibilidade**: Que efeito pode ter uma inovação na rentabilidade da carteira de seguros, actuando sobre o rácio de perdas ou o nível de custos sem um aumento dos volumes?
- **Proximidade**: Dispõe de numerosos pontos de contacto para melhorar a relação com o cliente?
- **Persistência**: A empresa procura eficazmente aumentar as taxas de renovação, estabilizando assim a carteira de seguros?

Produtividade: Como é que contribui, a nível de seguros, para a aquisição de novos clientes, vendas cruzadas ou honorários por serviços adicionais?

Não há dúvida de que as InsurTech estão a descolar, à medida que o nosso mundo se torna cada vez mais conectado e a tecnologia penetra em todos os aspectos da vida. O investimento em iniciativas InsurTech registou um boom em 2015-2017.

Ameaça ou oportunidade?

Enquanto alguns operadores históricos se sentem ameaçados pela mudança do sector para as InsurTech, outros abraçam a tendência como uma oportunidade para melhorar a sua atividade principal e até para investir, talvez criando uma equipa de inovação interna, ou investindo em aceleradores/incubadoras de startups ou nas próprias startups.

As iniciativas inovadoras estão a proliferar rapidamente em todas as fases do percurso do cliente e ao longo de todas as etapas da cadeia de valor dos seguros, criando um mapa muito preenchido.

Conceber algo verdadeiramente novo

A mudança no sector tem ocorrido, em grande medida, a um nível incremental, centrada na melhoria dos produtos e serviços existentes, em vez de na invenção de novos, ou no mero ajustamento do nosso modelo de negócio. Consequentemente, podemos estar a perder oportunidades de transformação.

Por que razão, por exemplo, dedicamos os nossos recursos a compensar as perdas em vez de as prevenir? Anteriormente, talvez houvesse demasiadas incógnitas para que pudéssemos ajudar proactivamente os nossos clientes a evitar perdas (e proteger os nossos próprios balanços), mas com os dados agora tão prontamente disponíveis, a nossa capacidade de gerir o risco deve colocar a prevenção de perdas no topo da lista de prioridades.

Pense nas poupanças que nós, no sector dos seguros, poderíamos realizar se soubéssemos antecipadamente quais são os pontos fracos dos nossos clientes ao volante e os pudéssemos ajudar a melhorar.

A privacidade pode ser um problema, claro. Nem toda a gente quer que o seu comportamento de condução seja monitorizado ou que a sua localização esteja sempre disponível. As seguradoras podem responder a estas preocupações tornando a tecnologia voluntária, ou mesmo desejável. Os consumidores motivados para utilizar uma tecnologia trocarão um certo grau de privacidade pelo privilégio, como já fazem quando utilizam as redes sociais, as plataformas de partilha de automóveis e de boleias e os motores de busca. O movimento de auto-quantificação, ou "Internet of Me", está a crescer, com as pessoas a utilizarem dispositivos para obterem informações sobre os seus hábitos diários, saúde e vida. Tudo gira em torno do cliente - satisfazer as suas exigências, expectativas e necessidades.

Perturbar a cultura

Em vez de nos perguntarmos se a dependência da tecnologia, especialmente da tecnologia móvel, está a aumentar - está - ou se devemos utilizar melhor o entusiasmo do público com a tecnologia para satisfazer os clientes e melhorar o nosso próprio negócio - devemos - cada um de nós deve perguntar que tecnologias são adequadas para nós e qual a melhor forma de as implementar e utilizar.

Tanto os operadores históricos como os inovadores que adoptarem, explorarem e tirarem partido da tecnologia terão as melhores hipóteses de prosperar nos próximos anos. Os restantes cairão, tão obsoletos como os dinossauros por não se adaptarem. Por este motivo, defendemos que *todos os intervenientes no sector dos seguros se tornarão InsurTech.*

Devido à relutância do nosso sector em mudar, há quem preveja um inverno sombrio para as seguradoras. Nós, no entanto, pensamos que esta "fraqueza" - a precaução - pode vir a revelar-se uma das nossas maiores forças.

Percorrer cuidadosa e deliberadamente o panorama tecnológico pode ajudar-nos a evitar as armadilhas, incluindo as violações de dados, os ataques de ransomware e a consequente perda de reputação que outros sofreram.

Ir devagar pode ser bom. Errar pelo lado da precaução pode manter-nos no lado certo.

Ao cruzar a linha de chegada com telemóveis numa mão, sensores na outra e os nossos sistemas e redes intactos, descobriremos certamente que, como ensina a fábula, "devagar e sempre se vence a corrida".

Capítulo 3

O mundo estará ligado

Mas os riscos e os intermediários vieram para ficar

O sector dos seguros entrou numa fase de transformação profunda e generalizada, com mudanças que abrangem todas as fases da cadeia de valor dos seguros, desde a subscrição até aos sinistros. Qual o papel, se é que existe algum, que os agentes irão desempenhar na arena do futuro?

Até à data, o canal digital direto domina muito poucos mercados e diz respeito apenas aos seguros obrigatórios. Na maior parte dos casos, um cliente orientado para o multicanal continua - com variações de país para país - a optar, em algum momento, por interagir com um intermediário. Todos os intervenientes no sector dos seguros - quer sejam resseguradores, transportadores ou intermediários - devem colocar esta questão: Como é que posso utilizar a tecnologia para remodelar a cadeia de valor dos seguros?

Várias tecnologias relevantes vêm à mente, incluindo a nuvem, a IdC, os grandes dados e a análise avançada, a computação quântica, a IA, os agentes autónomos, os drones, a cadeia de blocos, a realidade virtual e os automóveis autónomos.

Para tirar o máximo partido destas tecnologias, devemos começar por identificar os casos de utilização que nos podem ajudar a atingir os nossos próprios objectivos estratégicos empresariais e, em seguida, aplicar estes exemplos para obter o máximo efeito dentro da cadeia de valor dos seguros de cada interveniente. Por último, devemos analisar a seleção de software e hardware ou as escolhas "fazer vs. comprar", tendo em conta que um tamanho único não serve para todos.

A tecnologia é a onda do futuro em todos os sectores, incluindo o dos seguros, e seria bom que nos preparássemos.

A resistência é inútil, na nossa opinião, mas também é compreensível, especialmente num sector tão antigo como o dos seguros. Alguns estão relutantes em adotar estas novas tecnologias por apego à "forma como as coisas sempre foram feitas" - mas para outros, o principal obstáculo é o medo.

À medida que um número crescente de aplicações e serviços online ajudam os consumidores a escolher e a adquirir coberturas de forma fácil e conveniente, a pagar menos em prémios, a apresentar pedidos de indemnização e muito mais, há quem preveja o fim do "intermediário", causando ansiedade no sector.

No nosso mundo novo e interligado, o que acontecerá aos modelos de negócio e aos empregos tradicionais no sector dos seguros? Será que os corretores e agentes vão seguir o caminho dos dinossauros? O próprio seguro tornar-se-á irrelevante?

Estamos convencidos de que as companhias de seguros continuarão a ser relevantes no futuro - talvez até mais do que agora - mas terão de ser InsurTechs: intervenientes que utilizam a tecnologia como principal facilitador para atingir os seus objectivos.

Quando os carros se conduzem sozinhos

O ramo de seguros com maior probabilidade de sofrer perturbações nos próximos anos é o automóvel, porque a própria condução está à beira da transformação. A tecnologia está a avançar rapidamente para a produção de automóveis autónomos, o que levanta inúmeras questões sobre a forma como os seguros irão funcionar, quem e o que será coberto, e como.

A tecnologia dos veículos autónomos é muito promissora para viagens mais seguras e mais eficientes. Também poderá desencadear uma mudança tectónica no seguro automóvel.

A Tesla, por exemplo, viu as taxas de acidentes caírem uns impressionantes

40% depois de a empresa ter instalado a sua tecnologia de condução autónoma Autopilot nos seus veículos. E, em parceria com a Tesloop, um pequeno serviço de partilha de boleias que utiliza carros Tesla no sul da Califórnia, a Farmers Insurance reduziu os prémios de risco em 25%. Elon Musk, CEO da Tesla, disse ao *Business Insider* que pretende que as companhias de seguros baixem os seus preços à medida que o risco diminui. Mas será que este tipo de ajustamentos dos prémios prejudicará o sector dos seguros?

A empresa de contabilidade mundial KPMG previu que, dentro de vinte e cinco anos, a tecnologia dos veículos autónomos poderá provocar uma redução de 40% no sector dos seguros automóveis pessoais. O risco poderá passar dos condutores para os fabricantes: A Tesla está a incluir um seguro automóvel nas suas vendas de veículos na Austrália e em Hong Kong, e a Volvo afirmou que aceitaria a responsabilidade total pelos seus automóveis autónomos.

No futuro, também haverá menos pessoas a possuir automóveis. Prevê-se que os veículos autónomos partilhados e pertencentes a frotas reduzam a procura de automóveis e camiões pessoais em cerca de 70%.

No entanto, no que respeita à rutura do seguro automóvel, temos uma opinião contrária à de muitos analistas. Prevemos que:

- **O cenário sem condutor chegará num caminho menos linear** do que o normalmente projetado. Passarão décadas até que os automóveis totalmente autónomos encham os parques de estacionamento de qualquer país, o que significa que os seguros automóveis pessoais continuarão a existir.
- **O fim do seguro automóvel está longe**, se é que vai acontecer, mas a pressão sobre a estrutura dos custos vai aumentar. Concordamos com a Accenture quando diz que os prémios irão diminuir dentro de sete a dez anos. Para compensar estas perdas para o sector, serão criadas novas apólices, incluindo o seguro de cibersegurança (que cobre o roubo, o ransomware, o sequestro remoto e as perdas causadas pela pirataria

informática, como o roubo de identidade e a utilização indevida de informações pessoais); a responsabilidade pelo produto (que cobre a responsabilidade dos fabricantes por falhas de comunicação ou de ligação à Internet e por avarias de software e de algum hardware) e o seguro de infra-estruturas (que cobre os danos causados pelas infra-estruturas que controlam a circulação dos veículos e o fluxo de tráfego).

A Internet dos automóveis: telemática

Entretanto, um número crescente de veículos já está ligado à Internet. Algumas seguradoras entraram na corrida dos carros conectados. A tecnologia não conduz estes carros e camiões de forma autónoma - ainda - mas ajuda os condutores com mapas GPS e outras funcionalidades, enquanto a telemática informa as seguradoras sobre onde, quando e como conduzem.

A telemática beneficia o condutor seguro com prémios mais baixos e a seguradora com informações que permitem um melhor serviço ao cliente e preços mais precisos através de apólices baseadas na utilização. Cria também um novo paradigma, permitindo a qualquer seguradora ligar-se aos clientes e aos seus riscos.

E a sua popularidade está a crescer. A Octo Telematics anunciou, em maio de 2017, que cinco milhões de automóveis se tinham ligado à sua plataforma em todo o mundo, o que lhe confere quase 40% do mercado global de telemática, de acordo com o Observatório de Seguros IoT.

Os benefícios da telemática são uma via de dois sentidos: Os condutores gostam que a telemática comunique diretamente com a seguradora, incluindo o preenchimento de formulários de sinistros com dados recolhidos de acidentes, acelerando o processamento de sinistros. As seguradoras beneficiam da possibilidade de utilizar os dados gerados pela telemática para melhorar os seus resultados e partilhar esse valor com o cliente. Também gostam de poder utilizar os dados para servir melhor os clientes e interagir com eles com mais frequência, e para aumentar o seu conhecimento sobre os seus clientes e os seus riscos.

Algumas empresas utilizam os dados telemáticos para saber quando devem fornecer notificações push que, por exemplo, avisam um condutor quando este estaciona o seu veículo numa área menos segura e oferecem um seguro suplementar até que o carro seja deslocado. A possibilidade de incentivar o cliente a adotar comportamentos menos arriscados pode também beneficiar a sociedade no seu conjunto.

Talvez mais importante para os profissionais do sector, a adoção rápida e generalizada da telemática constitui um aviso para nós: quem não a oferecer corre o risco de perder relevância e clientes.

Hoje aqui, amanhã não: seguro instantâneo

As InsurTech estão a mudar não só a forma como os seguros funcionam, mas também quando funcionam. Várias startups oferecem atualmente "seguros instantâneos" que permitem aos clientes cobrir riscos durante períodos limitados .

Criámos a Neosurance, uma startup em fase inicial centrada em seguros instantâneos fornecidos através de uma abordagem push (descrita em pormenor no Capítulo 5 deste livro). No entanto, no momento em que este livro foi escrito, a Trov, um fornecedor em linha com sede na Califórnia, fundado em 2012, tinha atraído mais capital de investimento do que qualquer outra empresa.

A Trov oferece um seguro de bens a pedido que pode cobrir um único artigo com um simples toque no smartphone do utilizador, sendo os prémios adaptados em conformidade. As suas apólices cobrem produtos electrónicos de consumo e equipamento fotográfico, mas a empresa planeia expandir a sua oferta para segurar jóias, artigos desportivos e outros tipos de bens que possam ser avaliados de forma fiável.

O seguro instantâneo desafia um dos elementos tradicionais da mutualidade: o tempo. Ao segurar apenas os momentos de exposição - os momentos de maior risco -

estas apólices eliminam a mutualidade de quem está exposto ao risco e quem não está.

Os seguros vieram para ficar?

Os dados em tempo real, a IoT e a IA colocam desafios a muitos elementos do modelo de negócio tradicional dos seguros - mas não da forma que alguns possam pensar.

No futuro, quando o nosso frigorífico "ligado" precisar de manutenção, será que vai adquirir um seguro para cobrir o custo das reparações? Será que os nossos relógios inteligentes nos vão pedir para comprar uma apólice antes de praticarmos um desporto? Estes contratos ditos "inteligentes" podem vir a concretizar-se, mas não são verdadeiramente seguros, não sem transferência de risco ou aleatoriedade (perda acidental e não intencional).

Acreditamos que os seguros vieram para ficar e continuarão a desempenhar um papel fundamental na economia global. Todas estas novas tecnologias e fontes de dados aumentarão a qualidade das classificações dos riscos de seguros, criando classes mais pequenas e mais homogéneas. A clusterização continuará a prevalecer, uma vez que cada classe continuará a ser caracterizada por uma perda esperada (mas não certa). E cada indivíduo continuará a trazer o risco esperado para a carteira.

A nível da carteira, portanto, a mutualidade continuará a ser o mecanismo através do qual os prémios de muitos pagam os créditos de alguns.

O fim do intermediário?

A inteligência artificial permite que a Trov, a Lemonade e outras empresas de seguros ofereçam coberturas e pedidos de indemnização rápidos e fáceis, sem papelada ou mediação humana. Num mundo cada vez mais digital e com menos interação humana, é compreensível a popularidade do chatbot em detrimento de um agente humano. Mas será que a inteligência artificial irá substituir completamente os intermediários humanos?

A distribuição online pode ser a área mais vulnerável a perturbações no sector dos seguros, escreveu Whitney Arthofer, antiga associada da General Catalyst Partners, no *TechCrunch* em 2016. Automatizar o complexo processo de subscrição online, sem documentação em papel ou interação presencial, não era uma opção viável no passado, escreveu ela, mas as coisas estão a mudar rapidamente graças às novas tecnologias e conjuntos de dados.

A procura dos clientes está a impulsionar esta mudança, tal como em muitos outros sectores. A Internet, escreveu Arthofer, proporciona "um novo mundo de compras comparativas, transacções em linha e um serviço ao cliente simplificado". Para ter sucesso neste novo mundo, afirmou, os corretores precisam de aperfeiçoar as suas competências em três áreas:

- **Marketing direto e educação do consumidor:** a melhor aquisição e envolvimento do cliente (conteúdo + aconselhamento) para construir a marca e a confiança do consumidor;
- **Interações profundas com os clientes:** a capacidade de facilitar toda a transação em linha; CRM sofisticado para personalização, retenção e venda cruzada; e expansão para dispositivos móveis nativos e
- **Serviço de apoio ao cliente:** (para linhas mais complexas com grandes conjuntos de segurados) conhecimento profundo do produto e apoio dedicado e gestão de sinistros (imitando o melhor que os agentes offline oferecem).

Os seguros em linha já existem há anos, mas só se expandiram em alguns países (como o Reino Unido) e em alguns ramos de seguros (como o automóvel). Os clientes querem o que querem, não o que nós fingimos que eles querem. Consequentemente, muitas companhias de seguros estão a passar para uma experiência de cliente omnicanal com distribuição totalmente digital.

Mas o dia do intermediário não está morto.

Em primeiro lugar, as situações complexas continuarão a exigir o conhecimento e a orientação de pessoas formadas e experientes.

Em segundo lugar, os seguros não obrigatórios continuarão a ter de ser vendidos.

Por muito entusiasmados que estejamos com as possibilidades da InsurTech, estamos cépticos quanto à capacidade da distribuição online, dos sítios Web de comparação e das aplicações a pedido para cobrir adequadamente o risco das pessoas. Para tomarem decisões sensatas, os clientes precisam de ser conhecedores, racionais e concentrados, como o Sr. Spock do famoso "Caminho das Estrelas". Na prática, porém, muitos clientes assemelham-se mais à personagem de desenhos animados Homer Simpson - porque simplesmente não têm informação suficiente.

Um número crescente de software e soluções InsurTech pode ajudar os agentes a servir melhor os seus clientes e a melhorar a eficiência e a escalabilidade - para se manterem relevantes.

O futuro dos seguros: um balcão único

Até à data, muitas empresas em fase de arranque estão a concentrar os seus esforços numa ou em algumas linhas de seguros. Mas as expectativas dos clientes de encontrarem tudo o que precisam num só local exigem opções de seguro com tudo incluído, em que os seguros automóvel, residencial, de risco, de saúde, de propriedade, cibernético, de animais de estimação e outras formas de seguro sejam agrupados numa única oferta, com opções de "micro" seguros específicas para cada objeto e para cada momento, disponíveis a pedido. Esta abordagem pode funcionar especialmente bem para as empresas, que normalmente necessitam de vários tipos diferentes de seguros.

A Compass Insurance é um exemplo disso. A empresa do Colorado oferece seguros de casa, automóvel, comercial, propriedade e outros produtos de seguros de mais de quinze empresas. Longe de ser desintermediada, a empresa usa agentes para ajudar a elaborar pacotes personalizados e personalizados e comparar preços. Tendo em mente a grande população de entusiastas do ar livre do estado, a Compass oferece até mesmo cobertura para bicicletas de montanha, snowboards, dispositivos GPS e outros equipamentos para atividades ao ar livre - uma abordagem inovadora e decididamente centrada no cliente.

É claro que, com estas ideias, vem a oposição, com alguns a citarem obstáculos regulamentares e outros à inovação. Mas o que está escrito na parede para o sector é claro: para nos mantermos relevantes, temos de ser resilientes.

Temos de encontrar novas formas de vender os nossos produtos e, quando necessário, criar produtos para satisfazer as necessidades de um mercado que está em rápida e constante mudança.

Temos de acompanhar as tendências, assegurando que dispomos das mesmas tecnologias que os nossos clientes.

Em vez de ficarmos entrincheirados na forma como as coisas sempre foram feitas, temos de abraçar o novo e até estar dispostos a correr riscos - um desafio especial na nossa profissão avessa ao risco.

Todos os sinais apontam para uma mudança e uma transformação contínuas no sector dos seguros, tal como no mundo. A tecnologia é um fator de mudança e, um dia, será o padrão.

A evolução darwiniana exige que cada um de nós no sector "se adapte ou morra". No sector dos seguros, "a sobrevivência do mais apto" pode muito bem significar "a sobrevivência do mais resistente".

Capítulo 4

Os três pilares dos seguros ligados

Automóvel, casa, saúde

O mundo está a ficar maior e mais pequeno ao mesmo tempo, e pela mesma razão: a tecnologia. Os computadores tornaram-se uma parte omnipresente da vida quotidiana, expandindo o nosso mundo para incluir pessoas e empresas de todo o mundo, ao mesmo tempo que nos ligam cada vez mais intimamente às pessoas que nos rodeiam e até a nós próprios, bem como às nossas casas, locais de trabalho, bens, bancos, retalhistas e, cada vez mais, seguradoras - formando, em conjunto, o nosso "ecossistema" ligado.

Atualmente, existe mais de um dispositivo ligado por pessoa no mundo e, segundo algumas estimativas, esse número atingirá sete dispositivos por pessoa até 2020. (O Cisco Internet Business Solutions Group estima sete por pessoa; a AIG/CEA estima cinco por pessoa). Outros estimam que, em 2022, o número será de cinquenta dispositivos para uma família de quatro pessoas. O sector dos seguros não pode travar esta tendência; apenas podemos descobrir como lidar com ela.

Se, por um lado, a tecnologia torna imperativo que acompanhemos as mudanças que afectam a vida dos nossos clientes, por outro, oferece-nos também oportunidades sem paralelo para inovar e acrescentar valor ao que oferecemos. Uma coisa é certa: ficar para trás não é uma opção. Ignoramos a revolução digital por nossa própria conta e risco. Para prosperar nesta profissão nos próximos anos, todos os intervenientes no sector dos seguros devem ser InsurTech.

Adaptar-se ou perecer

Estar conectado tornou-se o assunto da cidade e as companhias de seguros são certamente uma das principais partes interessadas nesta discussão - especialmente aquelas que promovem a mudança e a inovação. Os actores "tradicionais" que se agarram ao status quo terão mais dificuldade em adaptar-se a esta mudança de paradigma. Para se manterem competitivos, devem ajustar-se às novas regras do jogo.

O nome desse jogo é "seguro conectado": soluções de seguros que utilizam sensores para recolher dados sobre o estado de um risco segurado e telemática para a transmissão e gestão remota desses dados.

Os consumidores estão cada vez mais ligados em casa, no trabalho, ao volante, em actividades desportivas e de lazer, etc. A "Internet das coisas" está a chegar rapidamente e as empresas devem ser capazes de reagir em conformidade para maximizar o valor para os seus clientes e para si próprias.

Não só os nossos telemóveis estão a ficar mais inteligentes, como também o ambiente que nos rodeia - as nossas "coisas". Este ecossistema conectado cria novas vias de crescimento potencial para as companhias de seguros, nomeadamente na forma como analisamos e utilizamos os dados gerados por estes dispositivos. Como podemos ler os números para identificar padrões e utilizar os dados para controlar as perdas, aperfeiçoar a avaliação e a prevenção dos riscos e servir melhor os nossos clientes?

Telemática: um estudo de caso

Independentemente do nosso ramo de seguro, podemos aprender muito com a utilização da telemática pelo seguro automóvel, uma tecnologia que já está no centro das atenções no domínio das InsurTech. "Telemática" - a palavra mistura "telecomunicação" e "informática" - é um sistema no qual os dispositivos capturam, armazenam, analisam e transmitem dados produzidos por sensores e coisas conectadas. Funcionando principalmente através de uma "caixa negra" instalada num veículo, a telemática é uma das primeiras tecnologias de seguros conectadas.

A telemática também é promissora para outras utilizações que não a automóvel. Para uma visão panorâmica dos seguros na era da conetividade, devemos também considerar as ramificações para os seguros de habitação e de saúde, bem como para os seguros automóveis, e tentar abordar os limites e as oportunidades, a P&L da empresa e, claro, os clientes, que são, afinal, a peça mais importante do puzzle "conectado".

Contrariamente ao que se pensa, o sector dos seguros não é completamente avesso à mudança.

A venda de seguros à distância remonta ao início dos anos 80, quando os Correios alemães experimentaram pela primeira vez o Bildschirmtext, que transmitia dados através de linhas telefónicas e apresentava o conteúdo num ecrã de televisão.

Atualmente, no Reino Unido, quase sessenta por cento da cobertura do seguro automóvel é vendida online e os sítios Web de comparação são a forma "normal" de adquirir uma apólice de seguro automóvel.

A telemática do seguro automóvel lidera o sector em termos de inovação em todo o mundo. Um operador sul-africano, a Discovery, é um dos primeiros a demonstrar que a tecnologia, se gerida corretamente, pode alterar comportamentos, beneficiando os resultados da seguradora, o cliente e a sociedade. O programa "Vitalitydrive" da Discovery premeia os condutores com descontos na compra de combustível em troca de conhecimentos de condução, frequência de cursos de condução e práticas de condução.

Na corrida para o topo da telemática, a Itália lidera o caminho, em parte devido à sua forte indústria automóvel. As seguradoras do país foram as primeiras a adotar a telemática, tendo sido pioneiras na tecnologia a partir de 2002. Embora fosse dispendiosa, as elevadas taxas de seguro ajudaram o mercado a absorver os custos.

Outros países também estão a começar a ver apólices de seguro telemáticas, incluindo os EUA, o Reino Unido, a África do Sul, a Áustria, o Canadá e, mais recentemente, a Alemanha. Num futuro próximo, espera-se que os países recém-chegados, incluindo o Brasil, a China e a Rússia, venham a "recuperar o atraso", estando agora a acelerar a fase de exploração.

A América do Norte tem sido um país de adoção lenta. Em 2016, cerca de 3,5 milhões de automóveis nos Estados Unidos enviaram dados para uma companhia de seguros de alguma forma, o que representa menos de 1,5 por cento do mercado. No Canadá, cerca de 500 000 veículos utilizam a telemática. Embora o número de utilizadores em ambos os países esteja a crescer, fica muito aquém da taxa de penetração da Itália.

Quase 20 por cento das apólices de seguro automóvel italianas vendidas e renovadas no último trimestre de 2016 tinham um dispositivo telemático fornecido por uma seguradora, de acordo com o Instituto Italiano de Supervisão de Seguros (IVASS). O Observatório de Seguros IoT estimou que, em setembro de 2017, 7 milhões de clientes italianos tinham uma apólice telemática.

Algumas seguradoras estão a utilizar os dados telemáticos para criar valor e partilhar esse valor com os clientes. Os produtos mais bem sucedidos e com maior tração incluem três elementos:

- Um dispositivo fornecido pela seguradora que o cliente instala na bateria, sob o capô do carro;

- Um desconto fixo inicial de 20% nos prémios anuais de responsabilidade civil automóvel, e

- Um conjunto de serviços adicionais - recuperação de veículos roubados, localizador de automóveis, alertas meteorológicos - por uma taxa de cerca de 50 euros, cobrada ao cliente.

Embora o seguro baseado na utilização (UBI) seja mais frequentemente citado em relação à telemática, a abordagem acima referida não é considerada um UBI. Em vez disso, funciona apenas para satisfazer as necessidades mais relevantes do cliente, incluindo:

- **Poupar dinheiro** num produto obrigatório. Os estudos mostram que os consumidores têm em conta o preço quando escolhem um seguro.

- **Receber apoio** e comodidade no momento da verdade - o momento do sinistro. As seguradoras estão a proporcionar uma melhor experiência ao cliente pós-acidente utilizando dados telemáticos, recolhendo informações sem terem de interrogar o cliente.

- **Receber outros serviços** para além dos seguros. Trata-se de algo que cerca de 60% dos clientes de seguros esperam e valorizam, de acordo com um estudo recente da Bain.

Analisemos esta abordagem de uma perspetiva económica:

- **A taxa para o cliente é quase igual ao custo do hardware e dos serviços.** A taxa de 50 euros acima referida representa mais de 5 por cento do prémio de seguro para os clientes de risco que pagam um prémio anual superior a 1 000 euros - que constituem menos de 5 por cento do mercado italiano de telemática. A taxa representa mais de dez por cento do prémio para os clientes que pagam menos de 400 euros - mais de 40 por cento do mercado italiano de telemática.

- **O produto é uma presença constante e quotidiana no automóvel, sem possibilidade de ser desligado.** Ao mesmo tempo que garante apoio em caso de acidente, também dissuade os pedidos de indemnização fraudulentos e os comportamentos de risco na condução.

- **A carteira telemática registou, em média, menos 20% de sinistros** do que a carteira não telemática, numa base ajustada ao risco, de acordo com a Associação Italiana de Seguradoras.

- **As melhores práticas das seguradoras permitiram obter poupanças adicionais nos custos dos sinistros** com uma abordagem proactiva da gestão de sinistros. O processo começa logo que ocorre um acidente e utiliza uma reconstrução objetiva da dinâmica do acidente para apoiar as decisões do gestor de sinistros.

- **O cliente recebe um conjunto de serviços telemáticos juntamente com um desconto inicial de 25%** no prémio de responsabilidade civil automóvel.

Valor, valor, valor

As transportadoras preocupadas com o preço da tecnologia telemática podem maximizar o seu ROI utilizando as práticas acima descritas. As seguradoras experientes utilizam os dados da caixa negra para acrescentar valor em três áreas: serviços adquiridos pelo cliente, seleção de riscos e controlo de perdas. Ao ofcrecerem um desconto inicial, partilham este valor acrescentado com o cliente. Em Itália, os operadores mais bem sucedidos atingiram uma penetração da telemática de quase 40%, e as suas carteiras telemáticas continuam a crescer.

Estas seguradoras orquestraram um ecossistema de parceiros para oferecer uma proposta de valor de seguro automóvel "centrada no cliente" . Em contraste com as abordagens que estão a ser experimentadas em linhas de seguros em todo o mundo - onde a proposta de valor é simplesmente alargada através da adição de alguns serviços - esta abordagem InsurTech também utiliza a vantagem competitiva única das seguradoras - o P&L técnico de seguros - para criar um mecanismo virtuoso de partilha de valor baseado em dados telemáticos.

A história do mercado italiano de telemática automóvel mostra como a adoção da InsurTech pode fortalecer o sector dos seguros e ajudá-lo a proteger as formas como as pessoas vivem e as organizações trabalham. Embora atualmente seja utilizada sobretudo em veículos automóveis, a telemática pode vir a revelar-se uma das inovações digitais mais relevantes em todo o sector dos seguros, utilizada em toda a "Internet de Todas as Coisas" para transmitir dados às seguradoras em vários ramos diferentes, incluindo o ramo **residencial** e **de saúde - os** outros dois "pilares" que estão a amadurecer no sector dos seguros conectados.

Não há lugar como a nossa casa

Estamos no início de uma viagem que será moldada pela tecnologia, pela interconectividade e pelas implicações em termos de privacidade e segurança, especialmente no que se refere à Internet das Coisas (IoT). A utilização da telemática está a expandir-se para além dos automóveis e a abranger as nossas casas.

O crescimento do mercado dos seguros de habitação continuará com o número de dispositivos domésticos conectados, incluindo câmaras de segurança, televisores, termóstatos, electrodomésticos e assistentes pessoais virtuais, como a Alexa da Amazon e a Siri da Apple. Todas as transacções efectuadas com estes dispositivos geram informações que podem ser úteis para as seguradoras:

- **Prevenir e mitigar riscos.** Os sensores das casas inteligentes podem detetar fugas na canalização, alertando a seguradora e o segurado antes de ocorrerem danos dispendiosos. Podem chamar os bombeiros para o local de um incêndio antes mesmo de o proprietário sentir o cheiro a fumo. Podem alertar a seguradora para os planos do proprietário de ir de férias, permitindo que a seguradora envie um lembrete para comprar um seguro de viagem.

- **Melhorar o processo de subscrição de pedidos de indemnização.** A utilização de dados gerados por dispositivos domésticos oferece um enorme potencial para aumentar a eficácia e a eficiência da subscrição e do processamento de sinistros, especialmente quando os prémios são superiores a 800 dólares.

Aumentar a relevância para o cliente. A IoT poderá permitir às seguradoras oferecerem apólices personalizadas e específicas nos momentos mais relevantes e significativos.

O mundo conectado promete remodelar e redefinir o cenário de risco, não apenas em residências, mas também em empresas comerciais. Em ambos os ambientes, os sensores podem combinar-se para produzir, de facto, um painel de avisos em tempo real. Um proprietário ou gestor de riscos de uma empresa pode ter na ponta dos dedos um sistema interativo de gestão de riscos com alertas de coisas que "comunicam" a sua utilização, estado e danos - e que enviam avisos de sinistros automaticamente para as seguradoras, que podem então criar reservas iniciais de sinistros e atribuir os ajustadores de sinistros certos, tudo automaticamente.

Da casa "ligada" à casa "inteligente

O sítio Web de tecnologia CNET descreve uma casa "inteligente" como "uma casa equipada com produtos ligados em rede (ou seja, 'produtos inteligentes', ligados através de Wi-Fi, Bluetooth ou protocolos semelhantes) para controlar, automatizar e otimizar funções como a temperatura, a iluminação, a segurança, a proteção ou o entretenimento, quer remotamente através de um telefone, tablet ou computador, quer através de um sistema separado dentro da própria casa.

"A casa deve ter uma funcionalidade de segurança inteligente ou uma funcionalidade de temperatura inteligente, para além de uma ligação fiável à Internet. Depois, deve incluir pelo menos duas funcionalidades de uma lista de opções inteligentes, incluindo electrodomésticos, entretenimento, iluminação, sensores exteriores e detectores de segurança."

O primeiro passo para uma casa "inteligente" é uma casa "conectada". A sua casa pode estar "ligada" se tiver uma infraestrutura de cablagem ou sem fios que permita que os dispositivos comuniquem entre si e com a Internet ou a nuvem.

Para alcançar o estatuto de "casa inteligente", é necessário um sistema que coordene todos os dispositivos ligados para que funcionem como uma única unidade. Uma casa inteligente que seja verdadeiramente útil também atenderá a outras necessidades, como a saúde e o bem-estar e a monitorização de bebés, para além da segurança e da monitorização do consumo.

A tendência das casas inteligentes, embora tenha sido lenta no início, está agora a espalhar-se rapidamente. Prevê-se que cerca de 8,4 mil milhões de objectos conectados sejam utilizados em todo o mundo em 2017, aumentando para 20,4 mil milhões em 2020, de acordo com um relatório da Gartner. A Grande China, a América do Norte e a Europa Ocidental deverão representar dois terços do mercado.

Uma razão provável para o crescimento: a queda dos preços. O custo dos sensores caiu para uma média de 60 cêntimos cada, um declínio de mais de 50 por cento na última década, de acordo com a CBInsights.

Curiosamente, a adoção de casas inteligentes nos EUA está atrasada em relação aos mercados internacionais. As transacções com empresas internacionais de casas inteligentes registaram um aumento significativo nos últimos anos.

Segurança: um obstáculo à adoção

As principais questões que se colocam no caminho da casa inteligente são a segurança e a privacidade, os custos e a confusão sobre a forma de integrar os vários produtos num único sistema doméstico.

Muitas vezes, um consumidor compra vários aparelhos para a casa, pensando que funcionarão em conjunto, mas acaba por descobrir que não funcionam. O erro pode sair caro: os inquéritos realizados pelo Osservatori.net, em Itália, revelam que as despesas são a principal razão pela qual as pessoas não possuem aparelhos ligados em casa.

No entanto, mesmo entre aqueles que sabem, a segurança e a privacidade continuam a ser obstáculos formidáveis ao estabelecimento de uma casa inteligente. Com tantos dispositivos que carecem até mesmo de recursos básicos de segurança, os riscos são muitos e muito reais.

Um mundo interconectado é aquele em que os nossos electrodomésticos e sistemas de segurança trocam informações com os nossos dispositivos móveis, computadores, dispositivos portáteis, aparelhos e automóveis. Todas estas ligações significam pontos de acesso adicionais para os cibercriminosos.

Os automóveis já provaram que podem ser pirateados e controlados por um agente externo. Uma casa pode ser um ambiente menos perigoso, mas a ameaça continua a ser real. A entrada num sensor ou dispositivo pode dar acesso a todos.

Durante a Insurance IoT USA Summit Chicago, em dezembro de 2016, Dean Weber, CTO da Mocana, apresentou um excelente argumento para explicar por que razão o público, os reguladores e os fabricantes de dispositivos devem analisar a questão com o máximo cuidado. Por exemplo, uma invasão de câmaras de segurança e DVR ligados, em outubro de 2015, resultou no encerramento generalizado de alguns dos principais websites, incluindo o Twitter, Netflix, Spotify e Airbnb. O que é que impede alguém de invadir a nossa casa?

É fundamental criar uma tecnologia verdadeiramente segura para a IdC. Ao mesmo tempo, porém, a fraqueza do mundo conectado pode revelar-se a força do sector dos seguros. Afinal, é o risco que melhor conhecemos e do qual estamos mais bem equipados para proteger o consumidor. Como podemos preencher esta lacuna, não só para cobrir as violações e os seus custos, mas também para ajudar os nossos clientes a reduzir os riscos?

O terceiro pilar: os cuidados de saúde

Os ciberataques também representam uma grande preocupação no sector da saúde. Os dispositivos médicos ligados, bem como os sistemas que contêm informações pessoais, podem ser violados por cibercriminosos, causando potencialmente estragos pessoais e financeiros, se não mesmo a morte. Mais uma vez, nós, no sector dos seguros, temos de estar preparados com apólices para proteger os doentes e os prestadores de cuidados de saúde, e com programas de gestão de riscos para ajudar a evitar intrusões.

Ao mesmo tempo, as seguradoras têm de se manter a par das tendências de mudança e de alteração nos cuidados de saúde, que estão a sofrer uma transformação neste preciso momento. As seguradoras de saúde estão a tentar passar do seu papel tradicional de "pagador" para um papel mais central, em que os clientes se dirigem a elas para obterem ajuda em questões relacionadas com a saúde, por outras palavras, um "interveniente".

Os wearables, a "m-health" e a telemedicina são apenas algumas das tecnologias na vanguarda da tendência dos cuidados de saúde conectados, uma tendência que irá certamente crescer porque a conetividade beneficia todos: seguradoras e segurados.

Consideremos, por exemplo, os elevados custos do tratamento de doentes com doenças crónicas e dos cuidados a prestar aos idosos. As seguradoras podem controlar as perdas concentrando-se nos clientes menos arriscados, oferecendo-lhes uma proposta de valor personalizada que não podem recusar. Para o efeito, terão de criar uma rede de parceiros que lhes permita diversificar e gerir os níveis de rentabilidade. Ao concentrarem-se em clientes jovens, mais saudáveis e com dispositivos mais inteligentes, as empresas podem utilizar estratégias como a gamificação para gerar lealdade, orientar o comportamento e concentrar-se na prevenção em vez da reação - controlando assim as perdas.

Os cuidados de saúde conectados também serão influenciados por modelos emergentes como os cuidados "contínuos" (que utilizam a tecnologia para fazer uma transição suave dos doentes do hospital para o domicílio), os cuidados "partilhados" (em que todos os membros de um grupo contribuem para prestar cuidados uns aos outros), os cuidados "colaborativos" (em que profissionais médicos de diferentes disciplinas trabalham em conjunto) e os hospitais domiciliários. Estes modelos centrados no cliente demonstram que a indústria está a afastar-se do modelo patriarcal "médico-doente" para um modelo que dá poder ao consumidor.

A saúde conectada está a desempenhar um papel importante na definição do futuro dos cuidados de saúde e dos seguros de saúde. O seguro conectado envolve mais do que conectar as seguradoras com os dados; ele também conecta as seguradoras com as pessoas e seus riscos. Para competir neste novo jogo, as seguradoras devem criar novas experiências para os clientes.

De "doente" a "consumidor

Para criar relações sólidas com os nossos clientes, temos de os considerar em primeiro lugar. Temos de os ouvir e compreender, incluindo as suas emoções e necessidades, e interagir frequentemente através de muitos pontos de contacto, incluindo os digitais. Depois, temos de conceber percursos de cliente baseados em ecossistemas de serviços e utilizar as novas tecnologias disponíveis para satisfazer essas necessidades.

Muitas seguradoras já criam parcerias para se tornarem mais especializadas. No entanto, a maioria não é tão boa a analisar os dados que todas estas ligações produzem, ou a criar experiências eficientes para os clientes. Os sistemas antigos não são certamente úteis na conceção de soluções inovadoras para o mercado.

Os inovadores no domínio dos seguros de saúde devem procurar transformar a companhia de seguros de pagador em interveniente proactivo no percurso do cliente em matéria de saúde.

A indústria tem de dar um passo atrás no percurso do cliente, passando de uma abordagem de "cura" para uma abordagem de "cuidados". Podemos diferenciar as coberturas de seguros por segmentos de clientes e oferecer serviços como informações médicas, um centro de atendimento telefónico para emergências, encomendas em linha e entrega ao domicílio de produtos farmacêuticos.

Também podemos fornecer serviços de saúde em linha, tais como dispositivos de monitorização e alerta para doentes idosos e doentes com doenças crónicas, como problemas cardíacos ou diabetes.

Graças aos cuidados de saúde conectados, os médicos podem aconselhar os seus pacientes de várias formas, incluindo mensagens, chamadas e vídeo. As seguradoras podem propor preços com desconto através de uma rede preferida, ao mesmo tempo que oferecem a opção de marcação e pagamento em linha. E porque não oferecer aos pacientes o seu historial médico completo num formato digital para uma utilização fácil pelos médicos e clínicas?

De acordo com o novo papel das seguradoras como agentes de prevenção de riscos, podemos experimentar a gamificação, utilizando dados de wearables com objectivos personalizados; conteúdos de bem-estar em vários formatos; e acordos com ginásios, lojas e outros tipos de prestadores de serviços.

A tecnologia oferece um grande potencial para a seguradora de saúde, incluindo a capacidade de solicitar e servir clientes menos arriscados e apresentar-lhes um produto melhorado e com melhor preço. Mas as seguradoras terão de estabelecer parcerias com inovadores tecnológicos e prestadores de serviços médicos, tendo em conta que o nosso papel no sistema de saúde está a mudar de "pagador" para "interveniente".

Os seguros conectados no sector da saúde afectam toda a cadeia de valor dos seguros e geram um valor real para os resultados das seguradoras. As cinco principais alavancas de criação de valor são:

- **Programas de "orientação" comportamental, que conduzem** o cliente a comportamentos menos arriscados para melhorar a sua saúde e reduzir os sinistros;

- **Serviços de valor acrescentado**, desenvolvendo serviços auxiliares adaptados ao cliente que permitem à seguradora funcionar como um "concierge" médico omnicanal;

- **Controlo de perdas,** desenvolvimento de uma abordagem alargada à atenuação de sinistros, incluindo:

- o um sistema de "alerta precoce" capaz de antecipar problemas de saúde graves e sinistros mais dispendiosos;
- o tecnologias de saúde em linha e de saúde móvel capazes de reduzir os custos dos cuidados de saúde, e
- o melhoria da avaliação dos reembolsos, graças a um processo de gestão dos sinistros mais eficiente e mais rápido, que permite à seguradora estar mais presente e aumenta a rapidez e a eficiência dos sinistros, limitando o rácio de perdas da carteira;

- **Seleção de riscos,** criando uma proposta de valor que atrai clientes menos arriscados ou melhora a fase de subscrição com monitorização temporária por dispositivos dedicados; e
- **Preços dinâmicos baseados no risco,** desenvolvendo apólices de seguro com preços ligados a riscos e comportamentos individuais. Este modelo reduz as fugas de prémios , ao mesmo tempo que oferece preços mais baixos a indivíduos de baixo risco, aumentando a aquisição e a retenção de clientes.

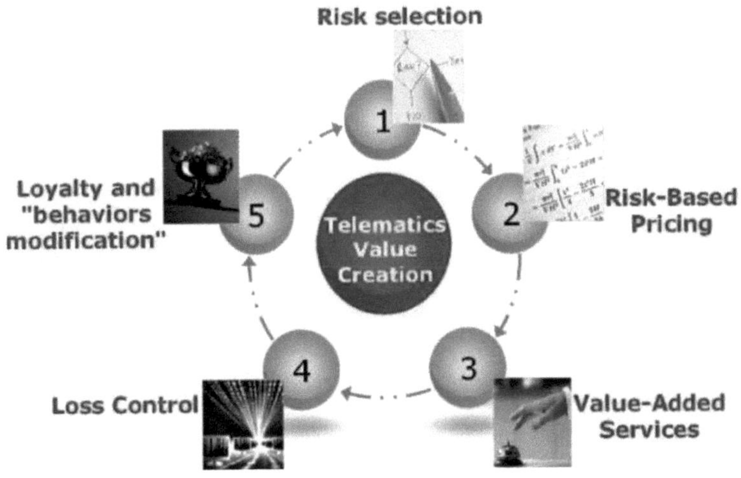

Imagem 2. *As cinco principais alavancas de criação de valor*

A recolha de dados pode melhorar o processo de subscrição, permitindo ajustes de preços ou acordos, e também criar preços associados ao risco. Os dispositivos podem medir o comportamento dos clientes e recolher dados para personalizar a cobertura e propor preços ou descontos individuais, gerando um refinamento impressionante do modelo tradicional de classificação do risco - um modelo que se tornará cada vez mais sustentável à medida que a tecnologia continuar a evoluir.

A oportunidade de mudar os comportamentos dos clientes é o "elefante na sala". Os programas de comportamento utilizam informações sobre os comportamentos dos clientes para os orientar para soluções menos arriscadas, utilizando sistemas de recompensa e programas de gamificação para motivar escolhas mais seguras e saudáveis.

O programa Vitality, criado pela companhia de seguros sul-africana Discovery, é um dos melhores exemplos de como construir um modelo de negócio altamente competitivo, apelando a clientes mais jovens e saudáveis.

Em primeiro lugar, o programa avalia a saúde do cliente utilizando métodos tradicionais e dispositivos portáteis e cria um plano de melhoria pessoal. Como incentivo para seguir o plano, oferece descontos para a utilização de "parceiros de saúde", incluindo ginásios, fornecedores de alimentos saudáveis e vendedores de dispositivos portáteis e outros dispositivos, e pontos de recompensa para clientes por comportamentos "saudáveis". Para incentivar a fidelidade, a empresa também reembolsa 20% do prémio anual aos clientes de longa data.

Tecnologia = valor

Os seguros automóvel, residencial e de saúde conectados constituem a base para uma nova forma de fazer negócios em todo o sector. A seguir, esperamos: indemnização dos trabalhadores e risco industrial.

A partilha de valor é o coração do seguro conectado: o motor que impulsiona o motor. Qualquer que seja o ramo de atividade, as seguradoras podem aplicar as cinco "alavancas de criação de valor" acima descritas, utilizando os dados dos dispositivos conectados não só para gerar valor no P&L dos seguros, mas também para partilhar esse valor através de incentivos, serviços e descontos. O resultado será não só um valor acrescentado para as seguradoras e para os clientes, mas também para a sociedade no seu conjunto, uma vez que os comportamentos individuais se alteram, reduzindo o risco global.

O seguro conectado é um novo paradigma que pode levar o sector dos seguros para o próximo nível. O modelo de negócio e mesmo o papel das companhias de seguros não são tanto alterados pela evolução da tecnologia como alargados por ela.

Desde a criação da primeira apólice de seguro, há mais de setecentos anos, as funções essenciais do seguro consistem na avaliação, gestão e transferência de riscos. Agora, graças à "superpotência" que é a tecnologia, podemos fazer tudo isto muito melhor - se não só aceitarmos a InsurTech e a abraçarmos, mas também *nos tornarmos* nela.

Capítulo 5

Microsseguros: envolver os clientes

Da forma correta, no momento certo

Nos países em desenvolvimento, as pessoas muitas vezes não podem pagar ou podem não precisar de apólices de seguro gerais para casas, carros, saúde e vida. Para elas, o microsseguro é apresentado como a "próxima grande novidade".

Este seguro inovador, que oferece uma cobertura muito específica por períodos limitados e a baixo custo, é muito promissor também para os países mais ricos. Cada vez mais popular entre os grupos etários mais jovens, a sua abordagem centrada no cliente - permitindo que o segurado escolha o quê, quando e quanto - não só funciona bem para uma variedade de estilos de vida, como também pode proporcionar oportunidades únicas para as seguradoras colmatarem lacunas na proteção e até criarem novos produtos. E a InsurTech tem um papel importante a desempenhar.

Mas o microsseguro parece ser especialmente adequado para os países do "terceiro mundo" ou com rendimentos mais baixos, onde o mercado potencial está estimado em 1,5 a 3 mil milhões de novas apólices. Em África e na Ásia, bem como em algumas economias da América do Sul e Central, as economias "em desenvolvimento" abrangem 70% dos sete mil milhões de pessoas do mundo.

Nesses países, a demanda é alta para certos tipos de seguro, incluindo saúde, vida, agrícola, propriedade e cobertura de catástrofes. Cerca de 135 milhões de pessoas têm microsseguro, apenas 5% do mercado potencial - deixando muito espaço para mais, mesmo com uma taxa média de crescimento anual de 10%.

O microfinanciamento e o microcrédito são também ofertas populares nos países em desenvolvimento. Mas o potencial comercial do microsseguro difere em aspectos importantes.

As microfinanças oferecem às famílias com baixos rendimentos acesso a serviços financeiros de elevada qualidade, incluindo crédito, poupanças, seguros e transferências de fundos. O microcrédito, que se pensa ter tido origem no Grameen Bank do Bangladesh em 1983, oferece serviços de crédito a pessoas com baixos rendimentos, concedendo empréstimos muito pequenos a mutuários empobrecidos que normalmente não têm garantias, emprego estável e um historial de crédito verificável.

Porquê atender às pessoas pobres? Porque, quando lhes são oferecidos os produtos, os meios e os conhecimentos corretos, podem tornar-se consumidores efectivos de serviços financeiros. O Centro de Microsseguros estima que nos próximos dez anos, aproximadamente, o mercado de microsseguros poderá crescer para mil milhões de segurados, o que representa um terço do mercado potencial.

As possibilidades são enormes, mas apenas se não tomarmos por garantida a procura dos nossos produtos e serviços. Os seguros podem ter uma má reputação no mundo em desenvolvimento. Para conquistar clientes, o sector precisa de uma abordagem inovadora que inclua a educação dos clientes e incentivos.

Ensinar o básico

Quando os recursos já são escassos, as pessoas podem perguntar-se se o seguro vale a pena. Podem não perceber porque é que precisam dele. Podemos informá-las e desenvolver a sua confiança utilizando os meios de comunicação social populares - talvez programas de televisão e rádio que retratem a ajuda do seguro à reconstrução de uma família após uma inundação, por exemplo, ou o desejo de um agricultor de ter comprado um seguro quando a seca dizima a sua colheita. As campanhas de literacia patrocinadas pelos seguros também podem ajudar a melhorar a imagem do sector e a confiança das pessoas.

Para criar procura de seguros, podemos encorajar incentivos governamentais, tais como isenções fiscais, subsídios e cobertura obrigatória. Mas para que o microsseguro funcione bem numa economia em desenvolvimento, temos de manter os produtos e os processos simples e os prémios baixos. Poderemos ter de mudar a nossa mentalidade, bem como as nossas estratégias de administração e canais de distribuição.

E talvez tenhamos de nos colocar novas questões: Como é que vendemos um seguro a alguém que nunca o comprou antes? Como gerar receitas com uma apólice cujo prémio é de apenas alguns dólares por ano?

Estão a começar a surgir novas soluções para os países em desenvolvimento, como em algumas zonas da Ásia, onde os cartões pré-pagos oferecem cobertura de seguro para danos causados por inundações. As seguradoras terão de encontrar o modelo de negócio e os parceiros certos quando abordarem estes mercados, e devem considerar novos mecanismos para controlar o risco moral, a seleção adversa e a fraude. A subscrição por procuração, as apólices de grupo e os períodos de espera podem, por exemplo, atenuar a seleção adversa.

Investir no microsseguro pode parecer arriscado, mas é um investimento que trará benefícios: ganhos de reputação a curto prazo, conhecimento a médio prazo e, a longo prazo, crescimento.

Para que os microsseguros entrem nas economias em desenvolvimento, temos de refletir mais sobre áreas críticas: inovação de produtos e soluções tecnológicas adaptadas aos mercados de baixo rendimento; escolher os parceiros certos para trabalhar, como ONG, organizações comunitárias e resseguradores internacionais, e compreender os factores de risco que afectarão a região no futuro: desenvolvimento económico, alterações climáticas e tendências de crescimento populacional, para citar alguns.

Mobilidade: as oportunidades são inúmeras

As pessoas nos países em desenvolvimento têm maior probabilidade de utilizar tecnologias móveis, especialmente telemóveis. Isto também é verdade nos países desenvolvidos: mais de metade da população mundial utiliza atualmente um telemóvel e quase um quarto utiliza a Internet regularmente. No mundo em desenvolvimento, o número de pessoas que dizem possuir um telemóvel inteligente e utilizar a Internet aumentou significativamente nos últimos anos, de acordo com o Centro de Investigação Pew. E menos de 5% das pessoas com baixos rendimentos têm acesso a seguros ou à cobertura de que realmente necessitam.

Além disso, em quase todos os países, os millennials - aqueles que têm agora entre 18 e 34 anos - têm muito mais probabilidades de utilizar a Internet e os telemóveis inteligentes do que as pessoas com mais de 35 anos. São também a geração mais mal segurada: a que tem menos probabilidades de ter um seguro de saúde, de aluguer, de vida ou de invalidez.

Esta lacuna, aliada à rápida adoção de tecnologias móveis em todo o mundo, representa uma enorme oportunidade para o sector dos seguros, especialmente para novos tipos de microsseguros.

Desde a sua introdução em 2010 pela conhecida seguradora asiática Tokio Marine, os microsseguros têm sido objeto de inovação. Alguns intervenientes desenvolveram soluções autónomas, a pedido, com aplicações móveis. Outros estabeleceram parcerias com outros operadores para criar uma abordagem B2B2C, utilizando canais incidentais para chegar aos clientes.

A relação com os seguros

Como vimos, os seguros conectados têm sobretudo a ver com as pessoas: como chegar a elas e interagir com elas de forma eficiente e eficaz e, ao mesmo tempo, ajudá-las a associar os seus riscos à cobertura que escolheram. Os seguros conectados, com o seu acesso a uma vasta gama de dados, fornecem informações nunca antes vistas sobre os comportamentos e estilos de vida dos nossos clientes. E, como já referimos, os benefícios para o sector dos seguros incluem um maior conhecimento sobre os clientes e os seus riscos.

Neste cenário inovador, o microsseguro oferece uma oportunidade transversal para as seguradoras utilizarem esse conhecimento, aproximarem-se dos seus clientes e oferecerem a cobertura certa no momento certo.

"Os seguros vendem-se, não se compram", como já referimos, é um ditado popular no nosso sector, e continua a ser verdade. E a cobertura não obrigatória é a única coisa mais difícil de vender! As novas tecnologias, no entanto, oferecem novas formas de incentivar as compras, incluindo a utilização de notificações push inovadoras para alertar os clientes para as necessidades de apólices que nem sequer sabiam que tinham.

Ao mesmo tempo, queremos evitar incomodar os clientes com ofertas que não lhes interessam - o seguro errado, na altura errada. A utilização da recolha e análise de dados para obter informações sobre os seus estilos de vida e preferências pode ajudar a garantir que as nossas ofertas são oportunas e relevantes.

A título de exemplo, vejamos a Neosurance, uma startup InsurTech de que nós, o seu fundador e investidor, estamos bem posicionados para nos vangloriarmos. A Neosurance é única no domínio dos "seguros únicos". A sua plataforma tecnológica é um agente avançado de inteligência artificial que faz a correspondência entre o contexto, as necessidades de seguro e a cobertura de seguro correta - em milissegundos.

O "Agente de Seguros Virtual" da Neosurance foi concebido para formular o seu "discurso de vendas" de acordo com o contexto e a atitude pessoal de cada cliente, tal como faria um agente humano qualificado. Esta tecnologia, integrada nas aplicações móveis existentes, envia sugestões de seguros a mais de 800 000 clientes na Europa e nos Estados Unidos.

Uma joint venture 50/50 entre a Neosperience, especialista em Digital Customer Experience, e a Digital Tech International, que opera no sector InsurTech, a Neosurance tem como objetivo criar um novo mercado de seguros.

Muitas vezes, os clientes não só têm um seguro insuficiente, como também não sabem que podem precisar de cobertura ou que existem oportunidades para a obter. Tal como um agente de seguros experiente e capaz, a Neosurance estimula a necessidade de proteção com notificações push no smartphone do cliente, estimulando a compra por impulso de seguros de pequeno montante.

O "empurrão" para a atenção

Com a capacidade de atenção de uma pessoa média a cair de doze segundos em 2000 para oito segundos em 2013, muitos de nós têm agora uma capacidade de atenção mais curta do que a de um peixe dourado - uma mudança atribuída, pelo menos em parte, à tecnologia móvel. No entanto, em vez de lamentarmos as dificuldades em envolver os nossos clientes, talvez devêssemos explorar as oportunidades que estas tecnologias oferecem e como utilizá-las para captar a atenção do cliente.

Pensamos que os seguros devem adaptar-se aos hábitos e ao ambiente do cliente. A melhor maneira de o fazer é utilizar esta abordagem "push" para vender um micro seguro que cobrirá uma necessidade instantânea específica. Saiba o que o cliente precisa antes que ele o faça! Assim, estará em posição de fornecer a cobertura de seguro correta no momento exato.

Uma boa solução de microsseguro deve criar uma experiência digital perfeita para o cliente. Fá-lo através da leitura e interpretação dos comportamentos e emoções dos clientes. O objetivo é criar uma situação "vantajosa para todos", tanto para os clientes como para as seguradoras - o que os microsseguros push conseguem fazer de forma excelente.

O telemóvel inteligente já não é apenas um canal; tornou-se um representante do cliente. Tal como os agentes conhecem os seus clientes, o motor de inteligência artificial da Neosurance aprende e reúne conhecimentos profundos sobre os clientes, acompanhando comportamentos, contexto e até emoções - tudo canalizado através do telemóvel inteligente. Assim, em vez de apenas enviar mensagens para segmentos de clientes (ou seja, "mulheres entre 25 e 35 anos"), a tecnologia da Neosurance pode criar um ciclo contínuo de interações contextuais altamente personalizadas e orientadas para a perceção.

Para o consumidor, o microsseguro push mantém a seguradora por perto quando o cliente precisa de proteção, oferecendo a conveniência de comprar microsseguro personalizado no local, diretamente a partir do smartphone.

A Neosurance oferece o seguro certo no momento certo para uma experiência móvel simples e bonita que satisfaz as necessidades do cliente. Eleva o processo de venda de seguros a um novo patamar, transformando potencialmente todas as companhias de seguros numa InsurTech. Essencialmente, a disrupção da Neosurance resulta não só da tecnologia, mas também de uma nova mentalidade.

Centrado no cliente: a nova mentalidade

Essa mentalidade é o foco no cliente. A Neosurance utiliza a tecnologia para ultrapassar barreiras e fornecer produtos e serviços mais rapidamente e a um custo inferior ao dos operadores históricos. É inovadora e rápida, baseando-se em ecossistemas digitais para encontrar os dados, a tecnologia, as plataformas de distribuição e as competências necessárias para preencher as lacunas das suas próprias capacidades . Combina fluxos de receitas tradicionais com modelos empresariais digitais, que tratam todas as capacidades empresariais - dados, plataformas tecnológicas e acesso a clientes - como activos que podem ser rentabilizados.

Então, qual é a combinação mágica para conquistar a atenção dos clientes, especialmente dos millenials que não têm seguro? A chave para vender seguros à geração do milénio é chegar até eles com a mensagem certa, no momento certo, num dispositivo que eles deslizam, tocam e beliscam 2.617 vezes por dia.

E os millennials são apenas a ponta do icebergue. A "geração conectada", que inclui a Geração Y, é o segmento de clientes mais importante. Capacitados pela tecnologia, estes utilizadores procuram serviços que possam utilizar em várias plataformas e ecrãs.

É tempo de um novo paradigma de distribuição para o sector dos seguros. Quando a cobertura não é obrigatória, temos de estimular a necessidade emocional de proteção. Utilizar a inteligência artificial para fazer uma sugestão push no momento certo com a oferta certa, fornecer um processo simples para efetuar uma compra e oferecer um contrato fácil de compreender: esta é a onda do futuro. Seguradoras, resseguradoras e startups, trabalhando em conjunto, devem criar novas propostas de seguros e, ao mesmo tempo, desenvolver um processo de compra simplificado.

Parcerias vantajosas para todos

A função da Neosurance é identificar comunidades (grupos homogéneos de pessoas já agregadas por um proprietário de comunidade) e estabelecer parcerias com seguradoras capazes e dispostas a fornecer cobertura de seguro adequada à experiência de cada comunidade. A integração da plataforma da Neosurance permite que as seguradoras apresentem propostas de venda cada vez mais precisas, com base no contexto e no comportamento de cada utilizador.

Por que é que isto é importante? Os consumidores têm frequentemente dificuldade em compreender o que as seguradoras estão a oferecer porque os contratos de seguro são complexos e difíceis de seguir. As pessoas perguntam-se se o que estão a comprar lhes serve individualmente ou se satisfaz as suas necessidades. Outros sectores têm feito um trabalho muito melhor em fazer com que os seus clientes se sintam cuidados e atendidos, e em utilizar a tecnologia para aumentar essas percepções. Como é que podemos aprender com eles?

Os seguros em massa estão a tornar-se obsoletos. À medida que a tecnologia torna possível a personalização, o consumidor atual exige-a em todas as áreas da vida e dos negócios. Os recém-chegados à indústria dos seguros estão a utilizar a tecnologia para mudar o modelo para o contexto e a utilidade. Estes recém-chegados estão a agitar as coisas, oferecendo alternativas novas e até disruptivas à forma de fazer negócio dos operadores históricos. Uma colaboração profunda entre os operadores históricos e as startups InsurTech para fornecer soluções inovadoras é uma das tendências mais previstas, e já estamos a começar a ver alguns grandes exemplos.

As InsurTechs têm um grande potencial no sector dos seguros, mesmo que as seguradoras tradicionais continuem a ditar as regras - nesta altura, afinal, as seguradoras detêm o capital, as infra-estruturas e o conhecimento do sector. Mas se as seguradoras tradicionais quiserem manter a vantagem, devem adotar as soluções das InsurTech startups. Estas startups são livres de sistemas legados, engenhosas e criativas, mas normalmente não têm conhecimentos profundos sobre o sector dos seguros. Se mais seguradoras se juntassem a elas em parceria, todos ficariam a ganhar - seguradoras, startups tecnológicas e consumidores.

Como é que as seguradoras beneficiam da colaboração com as novas empresas do sector? Ao aprenderem sobre as novas tecnologias e ao incorporarem-nas nos seus modelos de negócio, mantêm-se relevantes no nosso mundo cada vez mais centrado na tecnologia. Têm de se tornar InsurTechs, ou desaparecerão. Qual a melhor forma de conseguir esta mudança do que trabalhar em estreita colaboração com os recém-chegados?

Microsseguro: o sonho de um investidor

Como já foi referido, os microsseguros podem reduzir o défice de proteção nos países em desenvolvimento, bem como atrair os millennials, que muitas vezes preferem interagir com os seus telefones do que com os intermediários tradicionais.

Mas o microsseguro também tem o poder de revolucionar as vendas de seguros.

Eis a razão: os microsseguros não só proporcionam inovação aos clientes, como também ajudam as seguradoras a conhecer melhor os seus clientes, de modo a poderem responder às suas necessidades sem hesitações.

As suas aplicações podem ser enormes. E os dados que recolhe e analisa trazem valor acrescentado tanto para a seguradora como para o cliente. No seu conjunto, este nicho exerce uma atração quase irresistível sobre os investidores.

Tal como acontece com todas as linhas de negócio de serviços financeiros, os fornecedores de seguros podem agora utilizar dados e conhecimentos sofisticados para fornecer produtos altamente personalizados que satisfaçam as expectativas cada vez mais específicas dos consumidores. A economia de partilha exige produtos de nicho, e apenas aqueles que são relevantes para os padrões de utilização e comportamento dos clientes continuarão a ter sucesso.

Como vimos, a Itália oferece uma experiência de vanguarda a nível mundial em matéria de inovação no domínio dos seguros automóveis e é o único mercado em que a telemática dos seguros automóveis já está generalizada. Este desempenho incrível foi possível graças à colaboração entre seguradoras e empresas de tecnologia. A InsurTech permite que o sector dos seguros recolha dados utilizando caixas negras, analise esses dados e os utilize para selecionar riscos e melhorar a gestão de sinistros.

Esta colaboração virtuosa entre operadores históricos e tecnológicos inspirou-nos a fundar a Neosurance. Posicionada como um facilitador para as operadoras tradicionais tirarem partido das enormes oportunidades apresentadas pelos microsseguros, a nossa startup ganhou tração internacional.

Para a seguradora, o seguro instantâneo ainda é um território desconhecido, com muito a ser explorado. Muitas das aplicações a pedido existentes no mercado parecem correr o risco de "seleção adversa", afastando os consumidores em vez de os inspirar a aderir à cobertura - e até mesmo abordando-os depois de um evento já ter ocorrido. Em contrapartida, a abordagem push da Neosurance parece ser eficaz e sustentável.

Evitar a seleção adversa é fundamental para proteger a rentabilidade e utilizar a força de vendas digital para vender apólices de uma forma inteligente através da inteligência artificial e da aprendizagem automática. O microsseguro push permite-nos chegar à "geração conectada" exatamente onde eles gostam de passar a maior parte do seu tempo - nos seus smartphones - minimizando o risco de seleção adversa.

A abordagem de seguro instantâneo da Neosurance oferece um excelente exemplo de como os tecnólogos e as seguradoras podem trabalhar em conjunto numa parceria centrada no cliente. Tecnologias como estas estão a levar o processo de venda de seguros para o próximo nível, transformando potencialmente todas as antigas companhias de seguros numa InsurTech.

Capítulo 6

As nossas previsões para as InsurTech

Toda a gente gosta de prever tendências, e agora é uma altura especialmente excitante para olhar em frente no nosso sector. A tecnologia está a mudar rapidamente o mundo e, para muitos no sector dos seguros, que muitas vezes se encontra numa situação difícil, é altura de mudarmos também. Mas como é que a transformação vai ocorrer e que forma vai assumir? Ou será que vai mesmo mudar?

Alguns dizem que portais especializados, redes sociais e agentes artificiais ajudarão a criar consciência das necessidades de seguros. Outros apontam para as mudanças de front-end que já ocorreram, como aplicativos, chatbots e subscrição instantânea, e dizem que devemos esperar mais do mesmo. Os cépticos, no entanto, afirmam que estes acréscimos à cadeia de valor são, em grande parte, superficiais, deixando as apólices e os tipos de cobertura basicamente intocados. Onde está a transformação de que o nosso sector tanto necessita?

O futuro do sector dos seguros é certamente incerto, mas o avanço da tecnologia neste domínio só recentemente começou. Não há muito tempo, os analistas lamentavam a falta de start-ups InsurTech. No entanto, nos últimos dois anos, os investidores de capital de risco injectaram quase 7 milhões de dólares na InsurTech e, nos últimos quatro anos, surgiram cerca de 380 empresas InsurTech, de acordo com uma análise da FT Partners.

E embora tenha parecido improvável durante algum tempo, as previsões de que a distribuição iria impulsionar as transformações do sector podem agora estar a tornar-se realidade. Segundo a McKinsey & Company, as startups de InsurTech estão a encontrar novas formas de levar os seguros aos consumidores: 37% delas estão a concentrar os seus esforços na distribuição.

Um sector em mudança

A transformação digital está a deixar a sua marca em quatro grandes áreas:

- **Expectativas dos consumidores.** De acordo com um inquérito recente da Bain & Company, mais de 75% dos consumidores afirmam que esperam utilizar um canal digital para interações de seguros, para além das abordagens tradicionais. Não ter a sua própria aplicação ou um sítio Web compatível com dispositivos móveis que ofereça transacções digitais já não é uma opção para qualquer companhia de seguros que pretenda sobreviver. Os percursos omnicanal dos clientes vieram para ficar.

- **Flexibilidade dos produtos.** O tradicional operador japonês Tokio Marine oferece apólices de seguro temporárias através do telemóvel: seguro de viagem que cobre apenas as datas em que o cliente viaja, por exemplo, e cobertura de acidentes pessoais para pessoas que praticam um desporto apenas enquanto estão a jogar. A empresa italiana Neosurance também oferece microsseguros, um sector em crescimento e muito promissor. Os clientes gostam da flexibilidade e do baixo custo que esta solução proporciona e, com o passar do tempo, irão certamente aderir a esta forma de seguro.

- **Ecossistemas**. Podem acontecer coisas interessantes quando uma proposta de valor de seguro colabora com parceiros de outros sectores.

- **Serviços.** O antigo plano baseado no risco está a sofrer uma rutura. Em vez disso, as seguradoras estão a avançar para planos mais abrangentes que incluem serviços adicionais, como alertas meteorológicos e notificações de emergência em caso de acidente. As pessoas vão continuar a querer mais dinheiro para os seus seguros, tal como a tecnologia lhes permite fazer em todos os aspectos da vida atual.

No espelho retrovisor

Para nos divertirmos, vejamos como é que as previsões de Natal de 2016 de Matteo se comportaram nos primeiros três trimestres de 2017:

- **Sair.** *Previsão*: Nem toda a gente vai prosperar. Embora muitas empresas InsurTech fantásticas estejam a obter excelentes resultados e a crescer - e muitas continuarão a entrar no campo - algumas também sairão certamente do jogo.

  Resultado: Matteo estava a sonhar com a saída de um unicórnio da InsurTech. Bem, por vezes os sonhos tornam-se realidade: Bem, a Zong An - a InsurTech chinesa de pilha completa - fez a sua IPO com uma avaliação de 10 mil milhões de dólares no outono

  2017. Além disso, a Travelers adquiriu a Symply Business por 400 milhões de dólares. Por outro lado, Guevara deixou o jogo na segunda metade do ano. Esta redução, uma "sobrevivência dos mais aptos" darwiniana, deverá acabar por fortalecer o nosso sector.

- **Reconversão**: Este é o outro lado da lua de "saída". *Previsão*: Temos assistido a muitas iniciativas que reúnem uma equipa fantástica, uma história de equidade sexy e uma angariação de fundos fantástica, mas que utilizam modelos de negócio que nos parecem insustentáveis do ponto de vista dos seguros - não passam no teste dos "Quatro Ps" que descrevemos no Capítulo 2. Não queremos afirmar que nenhuma delas será bem sucedida: longe de nós o ceticismo numa época tão imprevisível. Pelo contrário, esperamos que alguns destes actores utilizem as suas grandes competências e os fundos que angariaram para mudar radicalmente os seus modelos de negócio.

  Resultado: Na primavera de 2017, a Trov fez uma ronda de financiamento de mais de 40 milhões de dólares, com uma avaliação superior a 300 milhões de dólares, mas pelo que ouvimos do CEO em diferentes conferências, a empresa está a concentrar os seus esforços num sistema de back-end que as seguradoras podem utilizar na sua base de clientes, em vez de aumentar a sua base de clientes e a carteira de riscos a pedido. Além disso, a Zenefit atravessou um ano de 2017 difícil, afastou-se da atividade de corretagem e começou a licenciar a sua tecnologia como um operador SaaS (Software as a Service).

- **Seguros ligados**: *Previsão*: Apostamos em qualquer solução de seguros que utilize sensores para recolher dados sobre o estado de um risco segurado e telemática para transmitir e gerir remotamente esses dados na cadeia de valor dos seguros. Uma previsão louca? Consideremos o caso de utilização mais maduro: a telemática dos seguros automóveis em Itália, que representa uma das melhores práticas a nível mundial, em que 4,8 milhões de automóveis estavam ligados digitalmente a um fornecedor de seguros no final de 2015. Matteo previu que o número de veículos "ligados" a uma seguradora em Itália atingiria os 7,5 milhões no final de 2017.

  Resultados: Em linha com as expectativas, as apólices telemáticas de seguros em Itália atingiram 7 milhões no final do terceiro trimestre de 2017, de acordo com o Observatório dos Seguros IoT.

- **Mudança de cultura**: *Previsão*: Nem todas as seguradoras tradicionais resistirão à mudança. Os operadores históricos parecem cada vez mais interessados em debater inovações e testar novas abordagens, incluindo a colaboração com startups. Matteo esperava ver esta nova brisa a rodear as instituições de seguros antigas, à medida que mais delas se apercebessem da importância da InsurTech para o seu próprio futuro e para o do sector.

  Resultado: Um membro da direção de uma das maiores resseguradoras mundiais resumiu recentemente a essência do seguro como sendo a avaliação, o tratamento e a aceitação de riscos utilizando as tecnologias mais recentes. Este é um sinal de que a indústria está a mudar. Vimos mais 3.800 sinais na InsurTech Connect, a conferência InsurTech mais prestigiada do mundo. Em 2016, a conferência contou com 1 200 participantes; em outubro de 2017, esgotou com mais de 3 800 participantes. Estivemos presentes no palco e testemunhámos a incrível energia desses profissionais de seguros, reguladores e startups.

- **Sustentabilidade**: *Previsão*: Muitas propostas de valor irão agregar cobertura de risco e serviços. Ao fazê-lo, a seguradora pode influenciar comportamentos e prevenir riscos, contribuindo assim para a sustentabilidade do sector dos seguros e partilhando valor com a sociedade em geral. Matteo espera ver algumas seguradoras a tornarem-se mais relevantes nas vidas dos seus clientes, actuando não só como pagadoras de sinistros, mas também como "jogadores" - parceiros nas escolhas de vida e de comportamento dos seus clientes, gerando benefícios para a sociedade.

  Resultado: Os discursos dos dirigentes de topo do sector dos seguros mostram a ambição do sector em avançar nesta direção. No entanto, um slide projetado na parede não passa disso mesmo: no terreno, vemos muito poucos exemplos de implementação.

Nada acontece de um dia para o outro no sector dos seguros, como já referimos várias vezes neste livro. Mas o nosso ritmo lento também nos pode dar uma vantagem, permitindo-nos fazer um reconhecimento de tempos a tempos, ajustar a nossa visão e perscrutar o futuro mais longe - e, talvez, com mais precisão. O que é que vai acontecer nos próximos anos? Matteo está a trabalhar com a sua bola de cristal.

O maior desafio

Como é que as seguradoras podem assimilar as start-ups e as tecnologias InsurTech nas suas cadeias de valor? Este será o maior desafio.

Temos de descobrir como integrar as experiências dos utilizadores e as fontes de dados. Sinceramente, seria insustentável ter dezenas de parceiros especializados com diferentes aplicações a atrapalhar as principais ofertas de apólices da seguradora. Em vez disso, teremos de gerir esta expansão e fragmentação da nova cadeia de valor dos seguros.

Para resolver este problema, algumas empresas estão a criar novas formas de colaboração. É uma tarefa assustadora, esta integração e gestão de dados, dispositivos, aplicações, sensores e expectativas para fornecer não só um serviço ao cliente superior e uma excelente cobertura de seguro, mas também formas novas e dinâmicas para o nosso próprio sector fazer mais, ser mais e ter mais importância. Uma coisa que sabemos é que não podemos parar o progresso. A tecnologia afecta-nos a todos, e fá-lo-á cada vez mais. Acompanhar - ou, melhor ainda, estar à frente da curva - deve ser o nosso objetivo, agora e no futuro.

E isto leva-nos ao círculo completo da primeira frase deste livro. Prever o futuro é complicado, mas não precisamos da bola de cristal de Matteo para saber o que nos espera no nosso sector. No futuro - mais cedo do que pensamos - todos os intervenientes no sector dos seguros serão InsurTech, o que significa que os intervenientes utilizarão a tecnologia como um facilitador essencial para atingir os seus objectivos estratégicos. Aqueles que não forem InsurTech irão para casa. Quando esse dia chegar, onde é que vai estar?

Referências

1. Bateman, Milford. *Why Doesn't Microfinance Work? The Destructive Rise of Local Neoliberalism [A Ascensão Destrutiva do Neoliberalismo Local].* Zed Books, 2010.

2. Carbone, Matteo. "Connecting the dots through insurance", novembro de 2017, http://ezine.business-reporter.co.uk/november-2017-future-of-insurance#!/opening- shots.

3. Carbone, Matteo. "Will Fintech Disrupt Health, Home Firms?" Insurance Thought Leadership, 7 de agosto de 2015 (http:// insurancethoughtleadership.com/will-fintech- disrupt-health-home-insurers).

4. Carbone, Matteo. "Insurtech is the way to keep the insurance sector relevant", 20 de julho de 2017, https://www.linkedin.com/pulse/insurtech-way-keep-insurance-sector- relevant-matteo-carbone/?trk=mp-reader-card.

5. Carbone, Matteo. "Some secrets they don't want you to know about one of the older InsurTech trends", 7 de agosto de 2017, https://www.linkedin.com/pulse/some-secrets- dont-want-you-know-one-older-insurtech-trends-carbone/?trk=mp-reader-card.

6. Carbone, Matteo. "As seguradoras continuarão a ser relevantes no futuro, ainda mais do que ontem", 9 de novembro de 2017, https://www.linkedin.com/pulse/insurers-still- relevant-future-even-more-than-matteo-carbone/?trk=mp-reader-card.

7. Carbone, Matteo. "Five Crazy InsurTech Predictions for 2017", 30 de dezembro de 2016, http://www.finsmes.com/2016/12/five-crazy-insurtech-predictions-for-2017-by- matteo-carbone.html.

8. Carbone, Matteo. "A telemática de seguros não é (apenas) UBI". LinkedIn, 21 de outubro de 2015 (https://www.linkedin.com/pulse/ insurance-telematics-only-ubi-matteo- carbone/).

9. Carbone, Matteo. "A concrete approach to focus innovation efforts in the insurance sector", 14 de julho de 2016, (https://www.linkedin.com/pulse/my-four-ps-insurtech-

matteo-carbone/?lipi=urn%3Ali%3Apage%3Ad_flagship3_profile_view_base_post_d etails %3BNxztPKEzR3qH%2Bpuj%2BWU6yw%3D%3D)

10. Carbone, Matteo; Naujoks, Henrik; O'Neill, Sean, "Black Boxes Could Yield Gold in Connected Insurance", 18 de setembro de 2016, http://www.bain.com/publications/articles/black-boxes-could-yield-gold-in- connected-insurance.aspx.

11. Carbone, Matteo; Negri, Pietro; Harb, Marco. "Paper Connected and Sustainable Insurance", 20 de dezembro de 2016, http://www.irsa.it/it/n/paper-connected-and- sustainable-insurance/.

12. Carbone, Matteo. "Motor insurance telematics - Five value creation levers", 1 de outubro de 2014, https://www.linkedin.com/pulse/20141001070148-6024099-motor-insurance-telematics-five-value-creation-levers/?trk=mp-reader-card.

13. Carbone, Matteo. "Health insurance - Telematics opportunity", 7 de

outubro de 2014, https://www.linkedin.com/pulse/20141007053518-6024099-health-insurance- telematics-opportunity/?trk=mp-reader-card.

14. Carbone, Matteo. "Telematics and insurance risk selection", 21 de maio de 2015, https://www.linkedin.com/pulse/telematics-insurance-risk-selection-matteo- carbone/?trk=mp-reader-card.

15. Carbone, Matteo. "Motor telematics - Loss ratio improvement", 7 de abril de 2015, https://www.linkedin.com/pulse/motor-telematics-loss-ratio-improvement-matteo- carbone/?trk=mp-reader-card.

16. Carbone, Matteo. "Technology integration in the health https://www.linkedin.com/pulse/20141210081320-6024099- technology-integration-in-the-health-insurance-business/?trk=mp-reader-cardinsurance business", 10 de dezembro de 2014, .

17. Carbone, Matteo. "Individual pricing - Insurance motor telematics approaches", 25

junho de 2015, https://www.linkedin.com/pulse/individual-pricing-insurance-motor- telematics-matteo-carbone/?trk=mp-reader-card.

18. Carbone, Matteo. "Does Insurance as a Service (IaaS) work", outubro de 2015, https://www.linkedin.com/pulse/does-insurance-service-iaas-work-matteo- carbone/?trk=mp-reader-card.

19. Carbone, Matteo. "Connected cars & insurance claims: a new paradigm, made in Italy", 23 de novembro de 2015, https://www.linkedin.com/pulse/connected-cars- insuranceclaims-new-paradigm-made-italy-matteo-carbone/?trk=mp-reader-card.

20. Carbone, Matteo. "2016 insurance innovation trends: my predictions", 15 de fevereiro de 2016, https://www.linkedin.com/pulse/2016-insurance-innovation-trends-my- predictions-matteo-carbone/?trk=mp-reader-card.

21. Carbone, Matteo. "My InsurTech mental framework", 16 de março de 2016, https://www.linkedin.com/pulse/my-insurtech-mental-framework-matteo- carbone/?trk=mp-reader-card.

22. Carbone, Matteo. "Secrets InsurTechs can learn from https://www.linkedin.com/pulse/secrets- insurtechs-can-learn-from-auto-insurance-matteo-carbone/?trk=mp-reader-cardthe auto insurance industry's telematics experience", 20 de maio de 2016, .

23. Carbone, Matteo. "My four Ps of InsurTech", 14 de julho de 2016, https://www.linkedin.com/pulse/my-four-ps-insurtech-matteo-carbone/?trk=mp- reader-card.

24. Carbone, Matteo. "Connected insurance is here to stay-are you ready for this new insurance paradigm?", 26 de setembro de 2016, https://www.linkedin.com/pulse/connected-insurance-here-stayare-you-ready-new- paradigm-carbone/?trk=mp-reader-card.

25. Carbone, Matteo. "The future of insurance is Insurtech", 14 de novembro de 2016, https://www.linkedin.com/pulse/future-insurance-insurtech-matteo- carbone/?trk=mp-reader-card.

26. Carbone, Matteo. "Let's do it... if you trust on InsurTech", 25 de abril de 2017,

https://www.linkedin.com/pulse/lets-do-itif-you-trust-insurtech-matteo-carbone/?trk=mp-reader-card.

27. Christen, Robert Peck, Richard Rosenberg e Veena Jayadeva. "Financial Institutions with a 'Double-Bottom Line': Implications for the Future of Microfinanc". *CGAP Occasional Paper*, No. 8, julho de 2004 (https://www.cgap.org/sites/default/ files/CGAP-Occasional-Paper-Financial- Institutions-with-a- Double-Bottom-Line-Implications-for-the-Future-of- Microfinance-Jul-2004.pdf).

28. Eaton, Kit. "The Future According to Schmidt: 'Augmented Humanity', Integrated into Google". *Fast Company*, 25 de janeiro de 2011 (https://www.fastcompany.com/1720703/future-according -schmidt-augmented- humanity-integrated-google).

29. Hans, Joel. "Telematics Looks Worldwide After Conquering Italian Insurance", 3 de outubro de 2016, https://www.rtinsights.com/usage-based-insurance-telematics- trends/

30. Kochhar, Rakesh. "A Global Middle Class Is More Promise than Reality" [Uma classe média global é mais promessa do que realidade]. Pew Research Center, 13 de agosto de 2015 (http:// www.pewglobal.org/2015/07/08/a-global- middle-class-is-more-promise-than-reality/).

31. Kushmaro, Philip. "A IoT e os grandes dados: Making the Connection". *Huffington Post*, 24 de setembro de 2017 (https://www.huffingtonpost.com/philip-kushmaro/ the-iot-and- big-data-maki_b_12116608.html).

32. Poushter, Jacob. "Smartphone Ownership and Internet Usage Continues to Climbing in Emerging Economies" [Propriedade de smartphones e uso da internet continua a subir nas economias emergentes]. Centro de Pesquisa Pew, 22 de fevereiro de 2016 (http://www. pewglobal.org/2016/02/22/smartphone-ownership-and-internet -usage-continues- to-climb-in-emerging-economies).

33. Shacklett, Mary. "Por que sua empresa pode querer considerar a terceirização da preparação de Big Data". TechRepublic, 16 de outubro de 2017 (https://www.techrepublic.com/article/why-your-company-might-want-to- consider-outsourcing-big-data-preparation).

34. Silvello, Andrea. "The Three Pillars of Connected Insurance", Harvard Economics

Review, 21 de abril de 2016, http://harvardecon.org/?p=3310.

35. Silvello, Andrea. "Connected Health and Its Central Role to Evolution of the Insurance Setor from 'Payer' to 'Player'. " *Journal of Health & Medical Informatics*, Vol. 8, No. 3, Suplemento, 2017 (https://www.omicsonline.org/proceedings/ connected-health-and-its-central-role-to-evolution-of-the-insurance-sector-from- payer-to-player-68640.html).

36. Silvello, Andrea. "Connected Insurance: Delivering Value with a Customer-Centric Approach" Cutter Business Technology Journal, Vol. 30, No. 9.

37. Silvello, Andrea. "InsurTech Is a Storm Hitting the Old-fashioned Insurance Industry", 7 de fevereiro de 2017,

https://www.linkedin.com/pulse/insurtech-storm- hitting-old-fashioned-insurance-andrea-silvello/.

38. Silvello, Andrea. "Push microinsurance is here to capture customers' attention with the right coverage at the right time", 8 de maio de 2017, https://www.linkedin.com/pulse/push-microinsurance-here-capture-customers- attention-right-silvello/.

39. Silvello, Andrea. "O sector dos seguros de saúde está a ultrapassar a mentalidade tradicional de 'pagar e reclamar'", 16 de agosto de 2017, https://www.linkedin.com/pulse/health-insurance-industry-over-passing-traditional-andrea-

silvello/?lipi=urn%3Ali%3Apage%3Ad_flagship3 profile_view_base_post _details% 3BTwpametKSEyvnSkpRfLWOg%3D%3D.

40. Silvello, Andrea. "Is connected health insurance any good?", 26 de julho de 2017, https://www.linkedin.com/pulse/connected-health-insurance-any-good-andrea-silvello/?lipi=urn%3Ali%3Apage%3Ad_flagship3_profile_view_base_post _details% 3BTwpametKSEyvnSkpRfLWOg%3D%3D.

41. Silvello, Andrea. "Microinsurance in developing countries is an Eldorado for Insurtech", 9 de junho de 2017, https://www.linkedin.com/pulse/microinsurance- developing-countries-eldorado-andrea-

silvello/?lipi=urn%3Ali%3Apage%3Ad_flagship3_profile_view_base_post _details% 3BTwpametKSEyvnSkpRfLWOg%3D%3D.

42. Winnick, Michael. "Putting a Finger on Our Phone Obsession - Mobile Touches: A Estudo sobre os seres humanos e a sua tecnologia." dscout, 16 de junho de 2016 (https://blog.dscout.com/mobile-touches).

Relatórios/artigos/trabalhos sem autor

43. "Os cientistas de dados passam a maior parte do seu tempo a limpar dados". What's the Big Data? 1 de maio de 2016 (https://whatsthebigdata.com/2016/05/01/data-scientists-spend-most-of- their-time-cleaning-data).

44. "Seja saudável. Get Rewarded." Discovery Vitality, 2017 (http://www.hr.uct.ac.za/sites/default/files/image_tool/images/236/remuneration/healthcare/discovery/vitality_2017.pdf).

45. "Unveiling the Full Potential of Telematics - How Connected Insurance Brings Value to Insurers and Consumers: An Italian Case Study". Swiss Re, 4 de maio de 2017 (https://www.swissre.com/library/archive/unveiling_the_full_potential_of_telematics_how_connected_insurance_brings_value_to_insurers_and_consumers.html#inline).

46. "Insurance in Developing Countries: Exploring Opportunities in Microinsurance". Lloyd's 360° Risk Insight, Lloyd's/ MicroInsurance Centre (http://www.lloyds.com/~/media/lloyds/reports/360/360%20other/insuranceindevelopingcountries.pdf).

47. MicroInsurance Centre, LLC (www.microinsurancecentre.org).

48. Venture Scanner,

https://www.venturescanner.com/blog/tags/venture%20scanner%20insurtech.

49. IVASS, "Bollettino Statistico Anno IV - N. 12", 10 de outubro de 2017, https://www.ivass.it/pubblicazioni-e-statistiche/statistiche/bollettino-statistico/2017/n12/index.html.

50. FT Partners Fintech Industry Research, "Q3 2017 Insurtech Insights", outubro de 2017, https://www.ftpartners.com/docs/FTPartners-3Q17-InsurTechInsights.pdf.

51. "Digital in 2017 Global Overview." Hootsuite, 24 de janeiro de 2017 (https://www.slideshare.net/wearesocialsg/digital-in-2017- global-overview).

52. "Global Health Workforce Shortage to Reach 12.9 Million in Coming Decades." Comunicado de imprensa, Organização Mundial de Saúde, 11 de novembro de 2013 (http://www.who.int/mediacentre/news/ releases/2013/health-workforce- shortage/en/).

53. "Unveiling the full potential of telematics", Swiss Re, 4 de maio de 2017, http://www.swissre.com/library/archive/unveiling_the_full_potential_of_telematics _how_connected_insurance_brings_value_to_insurers_and_consumers.html#inline

54. "Mercados de seguros: Outlook 2027", Allianz Research, , 5 de julho de 2017, https://www.allianz.com/en/press/news/studies/170705_insurance-

markets- outlook-2027/

55. "The Global Fintech Report Q3 2017", CBInsights, 2017, https://www.cbinsights.com/research/report/fintech-trends-q3-2017/.

56. InsurTech Is a Storm Hitting the Old-fashioned Insurance Industry, https://www.linkedin.com/pulse/insurtech-storm-hitting-old-fashioned-insurance- andrea-silvello/.

57. "Changing Role of Advisors in Insurance", Capgemini, 15 de setembro de 2017, https://www.capgemini.com/wp-

content/uploads/2017/09/changingroleofadvisorsininsuranceweb15045947 50.pdf.

58. Telematics is revolutionising insurance through behavioural and contextual analytics, 22 de agosto de 2016, https://business-reporter.co.uk/2016/08/22/telematics- revolutionising-insurance-behavioural-contextual-analytics/.

59. "Insuretech is the way to keep the insurance sector relevant", 25 de julho de 2017,

https://business-reporter.co.uk/2017/07/25/insuretech-keeps-insurance-sector- relevant/.

Printed by Books on Demand GmbH, Norderstedt / Germany